Le Robert & Collins
FRANÇAIS
DICTIONNAIRE VISUEL

AF088226

HarperCollins Publishers
Westerhill Road
Bishopbriggs
Glasgow G64 2QT
Great Britain

Première édition / First edition 2021

© HarperCollins 2021
Collins® is a registered trademark of
HarperCollins Publishers Limited

www.collinsdictionary.com

Dictionnaires Le Robert
92, avenue de France
75013 Paris - France

www.lerobert.com

ISBN 978-2-32101-645-8

Tous droits réservés / All rights reserved

**POUR LA MAISON D'ÉDITION /
FOR THE PUBLISHER**
Maree Airlie
Gerry Breslin
Kerry Ferguson

COLLABORATEURS / CONTRIBUTORS
Laurence Larroche
Maurane Prezelin

Photocomposition / Typeset by
Jouve, India

Imprimé par / Printed by
Chirat, France
Dépôt légal : avril 2021
N° d'éditeur : 911645/10310239
N° d'imprimeur : 202506.0036
Achevé d'imprimer en juin 2025

AUDIO OFFERT !
Idéal pour améliorer votre prononciation.
Rendez-vous sur http://activation.lerobert.com/français

Ce livre est imprimé sur du papier
issu de forêts gérées durablement.

SOMMAIRE

4	**INTRODUCTION**
7	**L'ESSENTIEL**
15	**LES TRANSPORTS**
43	**À LA MAISON**
67	**LES MAGASINS**
111	**LE QUOTIDIEN**
139	**LES LOISIRS**
165	**LE SPORT**
189	**LA SANTÉ**
215	**LA NATURE**
235	**LES FÊTES**
243	**INDEX**

LA BOULANGERIE-PÂTISSERIE

En France, la définition d'une boulangerie est strictement réglementée : les boulangeries doivent fabriquer le pain sur le lieu de vente, sans conservateurs ni additifs, et ne doivent ni surgeler ni congeler la pâte ou les pains.

VOUS POUVEZ DIRE…

Est-ce que vous avez… ?

Je vais prendre…

À combien sont les… ?

VOUS POUVEZ ENTENDRE…

Est-ce qu'on s'occupe de vous ?

Et avec ceci ?

Ça fait…

VOCABULAIRE

- le boulanger / la boulangère
- le pain
- une tranche
- la croûte
- la pâte
- la farine
- sans gluten
- faire cuire au four

LE SAVIEZ-VOUS ?

Un dépôt de pain est un magasin ou un comptoir qui vend des produits de boulangerie fabriqués en dehors de son site.

le baba au rhum

la baguette

le beignet

la brioche

le chou à la crème

le croissant

Que vous partiez en vacances ou pour un séjour plus long, votre **Dictionnaire Visuel Collins** vous aidera à trouver à tout moment les mots français dont vous avez besoin. Avec plus de mille images claires et pertinentes, vous trouverez rapidement le vocabulaire que vous recherchez.

Le Dictionnaire Visuel comprend :

- dix **chapitres** organisés par thèmes, pour trouver facilement le vocabulaire qui correspond à votre situation
- **(1)** **des images** qui illustrent les objets importants du quotidien
- **(2)** **VOUS POUVEZ DIRE...** - des expressions courantes qui peuvent vous être utiles
- **(3)** **VOUS POUVEZ ENTENDRE...** - des expressions courantes que vous pourriez rencontrer
- **(4)** **VOCABULAIRE** - des mots courants dont vous pourriez avoir besoin
- **(5)** **LE SAVIEZ-VOUS ?** - des informations sur les coutumes et les usages français
- un **index** pour retrouver toutes les images facilement et rapidement
- une liste d'expressions et de nombres sur les rabats, pour aller plus vite

COMMENT UTILISER VOTRE DICTIONNAIRE VISUEL COLLINS

Afin de présenter les mots et les expressions de la façon la plus claire et la plus simple possible, nous avons appliqué les règles suivantes :

1) Nous avons employé systématiquement le vouvoiement, qui est plus sûr que le tutoiement dans la plupart des situations, par exemple :

Comment allez-vous ?

N'oubliez pas que, si vous parlez à une personne d'un certain âge ou que vous venez de rencontrer, vous devez lui dire « vous ». Avec des enfants ou des gens que vous connaissez bien, vous pouvez utiliser « tu ». Si un Français veut se montrer familier avec vous, il vous dira :

On se tutoie ?

2) Le genre des noms est indiqué par l'article : « le » pour le masculin et « la » pour le féminin. Tous les noms qui prennent l'article « l' » sont suivis de l'indication du genre, par exemple :

l'année *f*

Tous les noms pluriels sont suivis de l'indication du genre et du nombre, par exemple :

les baskets *fpl*

S'il existe une forme féminine, elle est donnée à la suite de la forme masculine :

le vendeur / la vendeuse

3) Pour les adjectifs, la terminaison féminine est donnée entre parenthèses ou en entier après le masculin, par exemple :

fâché(e)

blanc / blanche

La plupart des phrases sont données au masculin uniquement :

Je suis fatigué.

En français, l'adjectif change souvent selon le genre du nom qu'il décrit (masculin ou féminin). Dans beaucoup de cas, on ajoute simplement un « e » pour obtenir le féminin (content > contente ; fatigué > fatiguée). Certains adjectifs ont cependant une autre terminaison au féminin, ou bien restent identiques.
Les adjectifs changent aussi en fonction du nombre (singulier ou pluriel). Le pluriel de l'adjectif se forme normalement en ajoutant « -s » au masculin et « -es » au féminin :

Les garçons sont fatigués.

Les filles sont fatiguées.

L'ESSENTIEL

Si vous êtes en visite dans un pays francophone, ou même si vous y vivez, vous voudrez bien sûr discuter avec les habitants pour mieux faire leur connaissance. Savoir communiquer avec vos amis et relations, vos proches et vos collègues, est indispensable pour vous sentir plus à l'aise en français dans les situations quotidiennes.

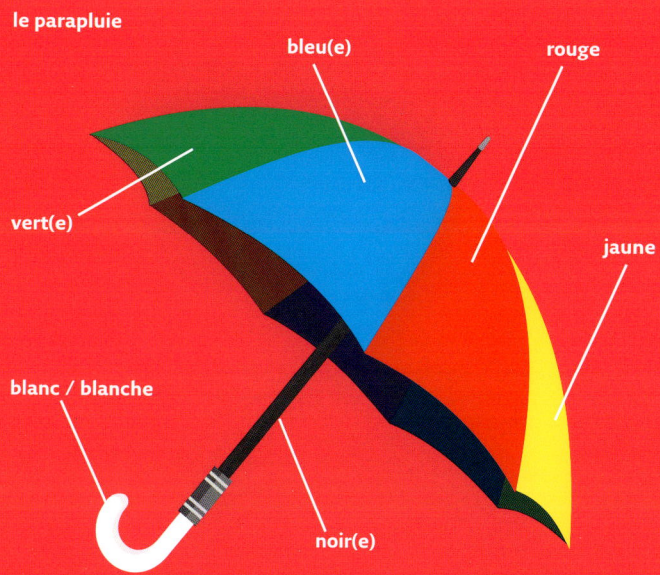

le parapluie
- bleu(e)
- rouge
- vert(e)
- jaune
- blanc / blanche
- noir(e)

L'ESSENTIEL

Quand ils se rencontrent pour la première fois, les Français sont très polis : ils se serrent en général la main en arrivant et en partant. Entre amis et en famille, il arrive souvent qu'on se fasse la bise (normalement deux, mais parfois trois, voire quatre bises selon les régions).

Bonjour.	**Bonne nuit.**	**À demain.**
Salut !	**Au revoir.**	**À samedi.**
Rebonjour !	**À plus !**	**Bonne journée !**
Tchao !	**À tout à l'heure.**	**Bonne soirée !**
Bonsoir.	**À bientôt.**	

LE SAVIEZ-VOUS ?

« Bonjour » sert à saluer quelqu'un en arrivant ; « bonne journée » se dit en partant.

Oui / Si.	**Merci.**	**D'accord !**
Non.	**Excusez-moi.**	**De rien.**
Je ne sais pas.	**Pardon ?**	**Je ne comprends pas.**
S'il vous plaît.	**Je suis désolé / désolée.**	**On se tutoie ?**

LE SAVIEZ-VOUS ?

En français il y a deux mots pour répondre par l'affirmative : « oui » en réponse à une question qui ne contient pas de négation, et « si » quand elle comporte une négation.

Comment vous appelez-vous ?	**D'où venez-vous ?**	**J'habite à Madrid.**
Je m'appelle…	**Où habitez-vous ?**	**Je suis espagnol(e) / russe.**
Quel âge avez-vous ?	**Je viens de Chine / d'Inde / du Royaume-Uni.**	
J'ai… ans.		

LA FAMILLE ET LES AMIS

Voici mon / ma...

Voici mes...

le mari

la femme

le fils

la fille

les parents *mpl*

le compagnon / la compagne

le copain

la copine

le fiancé / la fiancée

le père

la mère

le frère

la sœur

le grand-père

la grand-mère

le petit-fils

la petite-fille

le beau-père

la belle-mère

la belle-fille

le beau-fils

le beau-frère

la belle-sœur

le gendre

l'oncle *m*

la tante

le neveu

la nièce

le cousin / la cousine

l'ami *m* / l'amie *f*

le collègue / la collègue

le voisin / la voisine

le bébé

l'enfant *m*

l'adolescent *m* / l'adolescente *f*

Êtes-vous marié / mariée ?

Je suis marié / mariée.

Je suis divorcé / divorcée.

J'ai un compagnon / une compagne.

Je suis célibataire.

Je suis veuf / veuve.

Avez-vous des enfants ?

J'ai... enfants.

Je n'ai pas d'enfants.

LE BIEN-ÊTRE

Comment allez-vous ?

Comment ça va ?

Comment va-t-il / va-t-elle ?

Comment vont-ils / vont-elles ?

Très bien, merci, et vous ?

Bien, merci.

Super bien !

Comme ci comme ça.

Pas mal, merci.

On fait aller.

Pas terrible.

Je suis fatigué / fatiguée.

J'ai faim / soif.

Je n'ai plus faim.

J'ai froid.

J'ai chaud.

Je suis...

Il / Elle est...

Ils / Elles sont...

heureux / heureuse

content(e)

calme

surpris(e)

stressé(e)

en colère

triste

inquiet / inquiète

énervé(e)

détendu(e)

Je m'ennuie.

Je me sens...

Il / Elle se sent...

Ils / Elles se sentent...

bien

malade

déprimé(e)

mieux

plus mal

LE TRAVAIL

l'agriculteur *m* / l'agricultrice *f*

l'architecte *m* / l'architecte *f*

l'avocat *m* / l'avocate *f*

le conducteur de bus / la conductrice de bus

le cuisinier / la cuisinière

le dentiste / la dentiste

l'électricien *m* / l'électricienne *f*

le facteur / la factrice

le fonctionnaire / la fonctionnaire

l'infirmier *m* / l'infirmière *f*

l'informaticien *m* / l'informaticienne *f*

l'ingénieur *m* / l'ingénieure *f*

le journaliste / la journaliste

le marin-pêcheur / la femme marin-pêcheur

le mécanicien / la mécanicienne

le médecin / la médecin

le menuisier / la menuisière

le plombier / la plombière

le policier / la policière

le professeur / la professeure

le scientifique / la scientifique

le serveur / la serveuse

le soldat / la soldate

le vendeur / la vendeuse

le vétérinaire / la vétérinaire

Où travaillez-vous ?

Que faites-vous dans la vie ?

Est-ce que vous travaillez / étudiez ?

Je travaille à mon compte.

Je suis au chômage.

Je suis encore à l'école.

Je suis étudiant / étudiante.

Je suis à la retraite.

Je travaille de chez moi.

Je travaille à temps partiel / complet.

Je travaille comme...

Je suis...

Je travaille à / pour / dans...

l'administration *f*

le bureau

le chantier

le commerce

l'école *f*

l'hôpital *m*

l'hôtel *m*

le magasin

le restaurant

la société

l'usine *f*

LE SAVIEZ-VOUS ?

En français, quand on parle du métier de quelqu'un, il n'y a pas d'article entre le verbe « être » et le nom : « Elle est professeure », « Je suis plombier ».

L'HEURE

le matin	Quelle heure est-il ?	Quand...?
l'après-midi *m*	Il est neuf heures.	à... heures
le soir	Il est neuf heures dix.	... dans 20 secondes / deux minutes
la nuit	Il est neuf heures et quart.	
midi *m*	Il est neuf heures vingt-cinq.	... dans un quart d'heure / une demi-heure / une heure
minuit *m*		
aujourd'hui	Il est neuf heures et demie.	tôt
ce soir	Il est dix heures moins vingt.	tard
demain		bientôt
hier	Il est dix heures moins le quart.	plus tard
... heures du matin	Il est dix heures moins cinq.	maintenant
... heures de l'après-midi / du soir		avant
	Il est dix-sept heures trente.	après

LE SAVIEZ-VOUS ?

En France (et en Europe en général), pour dire l'heure, le format 24 heures est plus courant que le format 12 heures. L'équivalent de « et quart » est « quinze », celui de « et demie » est « trente » et celui de « moins le quart » est « quarante-cinq » (attention au chiffre qui précède : « six heures moins le quart » = « cinq heures quarante-cinq »).

LES JOURS, LES MOIS, LES SAISONS

| lundi | mercredi | vendredi | dimanche |
| mardi | jeudi | samedi | |

janvier	avril	juillet	octobre
février	mai	août	novembre
mars	juin	septembre	décembre

| le printemps | l'été *m* | l'automne *m* | l'hiver *m* |

le jour
le week-end
la semaine
le mois
l'année *f*
le siècle
quotidien
hebdomadaire
tous les quinze jours

mensuel
annuel
le lundi
le mardi matin
tous les dimanches
jeudi dernier
vendredi prochain
la semaine d'avant
la semaine d'après

dans la matinée
dans la journée
dans trois ans
en février
en 2021
dans les années 90
au printemps
en hiver

LE TEMPS

Quel temps fait-il ?

Est-ce qu'il va pleuvoir ?

Quelle belle journée !

Quel mauvais temps !

Il y a du soleil.

Le temps est nuageux.

Il y a du brouillard.

Il gèle.

Il pleut / neige.

Il y a du vent.

Il y a de l'orage.

Il fait...

beau

mauvais

chaud

froid

doux

frais

le soleil

la pluie

la neige

le vent

le brouillard

l'orage *m*

la tempête

le nuage

la température

LES TRANSPORTS

Il est très facile de se rendre en France et de s'y déplacer en transports en commun. Certains trains français sont parmi les plus rapides au monde : vous irez plus vite en train qu'en avion entre certaines villes. Les transports urbains sont très développés, notamment à Paris, dont le métro est célèbre ; c'est l'un des plus anciens chemins de fer souterrains au monde.

l'hélicoptère *m*
le rotor
la pale
le cockpit
le nez
la queue

L'ESSENTIEL

Si vous devez demander votre chemin à un passant, le plus simple est de donner le nom de votre destination, suivi de « s'il vous plaît ». N'oubliez pas que la façon la plus polie de s'adresser à un inconnu est de dire « Monsieur » ou « Madame ».

VOUS POUVEZ DIRE...

- Excusez-moi...
- Où se trouve... ?
- C'est par où, ... ?
- Quel est le chemin le plus court pour aller à... ?
- C'est à quelle distance ?
- C'est loin ?
- Je suis perdu.
- Je cherche...
- Je vais à...
- Je peux y aller à pied ?

VOUS POUVEZ ENTENDRE...

- C'est là-bas.
- C'est dans l'autre direction.
- C'est à... mètres / minutes d'ici.
- Continuez tout droit.
- Tournez à gauche / droite.
- C'est à côté de...
- C'est en face de...
- C'est près de...
- Prenez la direction...
- Prenez le bus / le métro.

VOCABULAIRE

la circulation	les indications *fpl*	revenir
l'heure de pointe *f*	marcher	traverser
les transports en commun *mpl*	conduire	tourner

LE SAVIEZ-VOUS ?

Les feux tricolores et ceux qui protègent les passages pour piétons passent directement du rouge au vert, sans couleur intermédiaire (orange, par exemple).

le billet

la carte

le conducteur / la conductrice

l'embouteillage *m*

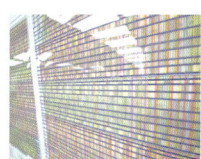
l'horaire *m*

le panneau de signalisation

le passager / la passagère

le piéton / la piétonne

la rue

LA VOITURE

En France, on conduit à droite. N'oubliez pas d'avoir toujours dans votre véhicule vos papiers d'identité, votre permis de conduire et vos certificats d'assurance et d'immatriculation.

VOUS POUVEZ DIRE...

- C'est la route de… ?
- Je peux me garer ici ?
- Est-ce que le parking est payant ?
- Je voudrais un taxi pour aller à…
- J'aimerais louer une voiture.
- Quel est le prix à la journée ?
- Quand / Où est-ce que je dois la rendre ?
- Où est la station-service la plus proche ?

VOUS POUVEZ ENTENDRE...

- Vous pouvez / ne pouvez pas vous garer ici.
- Le parking est gratuit ici.
- Ça coûte… de se garer ici.
- Il y a une prise en charge de… euros.
- La location de voiture est à… par jour / semaine.
- Vos papiers, s'il vous plaît.
- Vous êtes à quelle pompe ?
- C'est un libre-service.

LE SAVIEZ-VOUS ?

Les GPS détecteurs de radars sont interdits en France. Pensez à désactiver cette fonction si elle existe sur votre GPS.

VOCABULAIRE

- la caravane
- la décapotable
- le siège du passager
- la place du conducteur
- le siège arrière
- le siège enfant
- le moteur
- la batterie

le frein	le réservoir	démarrer
l'accélérateur *m*	la boîte de vitesses	freiner
la climatisation	automatique	ralentir
l'embrayage *m*	électrique	être en excès de vitesse
le pot d'échappement	hybride	s'arrêter

LES VÉHICULES

le camping-car

le monospace

le SUV

GÉNÉRAL

la batterie

la galerie

le toit ouvrant

dépasser

faire marche arrière

se garer

EXTÉRIEUR

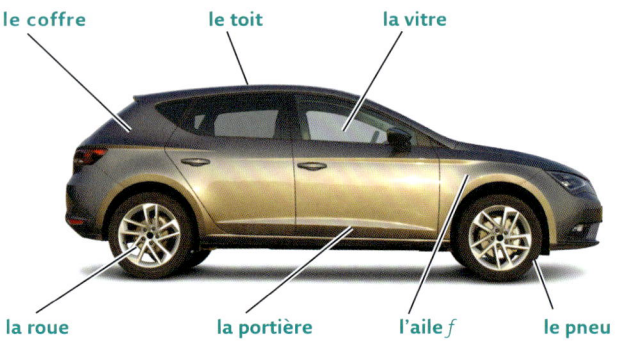

le coffre
le toit
la vitre
la roue
la portière
l'aile *f*
le pneu

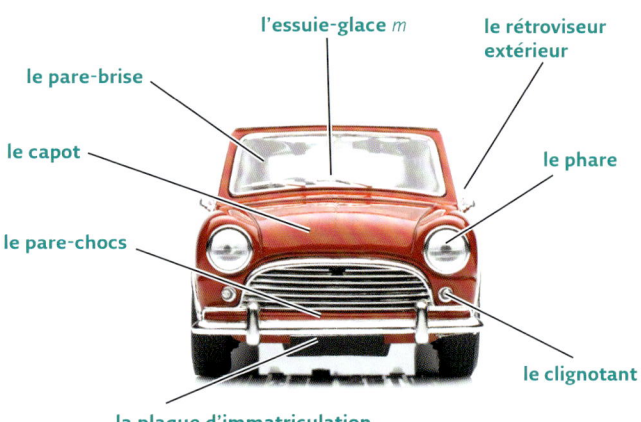

l'essuie-glace *m*
le rétroviseur extérieur
le pare-brise
le capot
le phare
le pare-chocs
le clignotant
la plaque d'immatriculation

INTÉRIEUR

l'allumage *m*

l'appuie-tête *m*

la boîte à gants

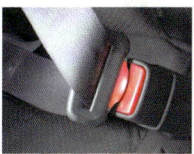
la ceinture de sécurité

le compteur de vitesse

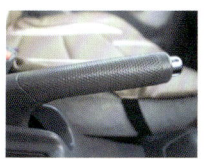
le frein à main

le GPS

la jauge d'essence

le levier de vitesse

le rétroviseur

le tableau de bord

le volant

LA CONDUITE

La France possède un excellent réseau autoroutier, mais beaucoup d'autoroutes sont à péage (payantes). Évitez si possible d'y circuler les « samedis noirs ». Ces journées de circulation très dense se produisent au début et à la fin des périodes de vacances.

VOCABULAIRE

la route à quatre voies

la route à voie unique

la chaussée

la sortie

la bretelle

le bas-côté

l'aire de service *f*

la limitation de vitesse

la déviation

le permis de conduire

la carte grise

l'assurance automobile *f*

la location de voiture

l'essence sans plomb *f*

le gazole

les travaux *mpl*

LE SAVIEZ-VOUS ?

S'il ne pleut pas, les limitations de vitesse en France sont les suivantes : 50 km/h en agglomération, 80 km/h sur les routes à double sens sans séparateur central, 110 km/h sur les routes à deux voies avec terre-plein central, 130 km/h sur l'autoroute. Par temps de pluie, ces vitesses sont réduites de 20 km/h sur l'autoroute et de 10 km/h sur toutes les autres routes.

l'autoroute *f*

le bord du trottoir

le carrefour

le cône de signalisation

le contractuel / la contractuelle

les feux (de signalisation) *mpl*

le nid-de-poule

le parcmètre

le parking

le passage à niveau

le passage pour piétons

le péage

la place de parking

la place de parking pour handicapé

la pompe à essence

le pont

le radar

le rond-point

la route

la station de lavage

la station-service

le trottoir

le tunnel

la voie

LES PROBLÈMES DE VOITURE

Si vous tombez en panne sur l'autoroute, appelez la police ou un service de dépannage sur une borne d'urgence. Ces appareils de couleur orange sont placés tous les 2 km sur la bande d'arrêt d'urgence. Sinon, appelez le 112 pour alerter les services d'urgence.

VOUS POUVEZ DIRE...

Pouvez-vous m'aider ?

Je suis tombé en panne.

J'ai eu un accident.

Je suis en panne d'essence.

J'ai un pneu crevé.

La voiture ne démarre pas.

Il y a un problème avec...

Je suis blessé.

Appelez les secours / la police.

Pouvez-vous m'envoyer une dépanneuse ?

Est-ce qu'il y a un garage / une station-service près d'ici ?

Pouvez-vous m'aider à changer la roue ?

Combien coûte la réparation ?

Quand la voiture sera-t-elle réparée ?

VOUS POUVEZ ENTENDRE...

Vous avez besoin d'aide ?

Vous êtes blessé ?

Qu'est-ce qui ne va pas avec votre voiture ?

Où êtes-vous tombé en panne ?

Les réparations vous coûteront...

La voiture sera prête à...

LE SAVIEZ-VOUS ?

Si vous conduisez en France, vous devez obligatoirement avoir dans votre véhicule un triangle de présignalisation et un gilet de sécurité. Il est aussi conseillé d'emporter des ampoules de rechange pour les feux. Si vous conduisez une voiture immatriculée à l'étranger, elle doit porter un autocollant avec le code du pays.

VOCABULAIRE

l'accident *m*
la panne
tomber en panne

avoir un accident
avoir un pneu à plat

changer le pneu
remorquer

l'airbag *m*

la borne d'urgence

l'antigel *m*

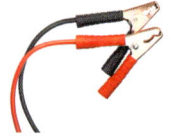

les câbles de démarrage *mpl*

les chaînes à neige *fpl*

la collision

 le cric

 la dépanneuse

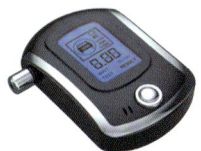 l'éthylotest *m*

 le garage

 le gilet jaune

 le mécanicien / la mécanicienne

 le pneu à plat

 la roue de secours

 le triangle de présignalisation

LE BUS

En général, les réseaux de bus régionaux sont utiles et efficaces. Cependant, pour les longs trajets, il est souvent plus rapide de prendre le train.

VOUS POUVEZ DIRE…

Est-ce qu'il y a un bus pour… ?

Quand part le prochain bus pour… ?

Quel bus faut-il prendre pour aller au centre-ville ?

Où est l'arrêt de bus ?

Où est-ce que je peux acheter des tickets de bus ?

Combien ça coûte pour aller à… ?

Un ticket plein tarif / tarif réduit, s'il vous plaît.

Un aller simple / aller-retour.

Pouvez-vous me dire quand je dois descendre ?

C'est dans combien d'arrêts ?

Je veux descendre au prochain arrêt, s'il vous plaît.

VOUS POUVEZ ENTENDRE…

La ligne 17 va à…

L'arrêt de bus est…

Il y a un bus toutes les 10 minutes.

Vous pouvez acheter des tickets au distributeur / à l'agence.

C'est votre arrêt, monsieur / madame.

VOCABULAIRE

la ligne de bus

la carte de bus

le plein tarif

le demi-tarif

le bus de nuit

le car de ramassage scolaire

la navette de l'aéroport

prendre le bus

LE SAVIEZ-VOUS ?

Vous devrez peut-être valider (« composter ») votre ticket en montant dans le bus.

l'Abribus® *m*

l'arrêt de bus *m*

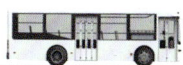

le bus

le car

la gare routière

le minibus

le tram(way)

LE VÉLO

Il y a de plus en plus de pistes cyclables en France, sur des distances plus ou moins longues. Le logo vert « Accueil Vélo » identifie les endroits qui proposent un accueil ou des informations. Les systèmes de vélo en libre-service (VLS) sont de plus en plus répandus en France. Celui de Paris, appelé Vélib', existe depuis 2007. Il existe plusieurs sortes d'abonnement, y compris à la journée.

VOUS POUVEZ DIRE...

Où est-ce que je peux louer des vélos ?

Combien coûte la location ?

Mon vélo est abîmé.

J'ai crevé.

VOUS POUVEZ ENTENDRE...

La location de vélo est à... par jour / par semaine.

Vous devez porter un casque.

VOCABULAIRE

le cycliste / la cycliste	le point d'attache	faire du vélo
le râtelier à vélos	le porte-vélos	pédaler
	la piste cyclable	crever
la station de vélos en libre-service	le gilet de sécurité	

LE SAVIEZ-VOUS ?

La France accueille la course cycliste la plus célèbre du monde : le Tour de France.

LES ACCESSOIRES

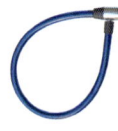

l'antivol *m*

le casque

le phare arrière

le phare avant

la pompe à vélo

le siège enfant

la sonnette

le vélo de route

le VTT

LE VÉLO

- le guidon
- les vitesses *fpl*
- la barre transversale
- la selle
- le cadre
- le frein
- la roue
- le pneu
- la pédale
- la chaîne

LA MOTO

VOCABULAIRE

le motard / la motarde

la mobylette

le scooter

le réservoir

le guidon

le garde-boue

la béquille

le tuyau d'échappement

les vêtements de moto *mpl*

LE SAVIEZ-VOUS ?

Les motards doivent obligatoirement porter un gilet jaune en cas d'accident ou de panne. Leur casque doit aussi comporter des éléments réfléchissants.

le blouson de cuir

les bottes *fpl*

la caméra pour casque

le casque

les gants en cuir *mpl*

la moto

LE TRANSPORT FERROVIAIRE

La France possède un réseau ferroviaire étendu et bien organisé. Avant de monter dans le train, n'oubliez pas de valider (« composter ») votre billet ; sinon vous risquez une amende. Si vous avez un billet électronique que vous avez imprimé vous-même, il n'est pas nécessaire de le composter.

VOUS POUVEZ DIRE...

Est-ce qu'il y a un train pour... ?

À quelle heure est le prochain train pour... ?

Où est la station de métro la plus proche ?

De quel quai part-il ?

Quelle ligne dois-je prendre pour... ?

Un billet pour..., s'il vous plaît.

Un aller simple / aller-retour pour..., s'il vous plaît.

J'aimerais réserver une place, s'il vous plaît.

Est-ce qu'il y a une correspondance ?

Où est la correspondance pour... ?

Où est le quai numéro 4 ?

C'est bien le train / quai pour... ?

Est-ce que ce siège est libre ?

J'ai raté mon train !

VOUS POUVEZ ENTENDRE...

Le prochain train part à...

Voulez-vous un aller simple ou un aller-retour ?

Je suis désolé, ce train est complet.

Vous avez une correspondance à...

Le quai numéro 4 est par là.

C'est le bon train / quai.

Vous devez aller sur le quai numéro 2.

Ce siège est / n'est pas libre.

Vos billets, s'il vous plaît.

Le prochain arrêt est...

Descendez ici pour aller à...

VOCABULAIRE

le train à grande vitesse, le TGV

l'espace calme *m*

la voiture-bar

la carte de réduction

le carnet de tickets

l'aller simple *m*

l'aller-retour *m*

le billet électronique

la réservation en première / seconde classe

changer de train

composter son billet

LE SAVIEZ-VOUS ?

Le mot « métro » est l'abréviation du nom de la première société d'exploitation du réseau, la Compagnie du chemin de fer métropolitain de Paris. Il est aujourd'hui utilisé dans de nombreux pays pour désigner tout système de chemin de fer souterrain.

le chef de train / la chef de train

le composteur de billets

la consigne

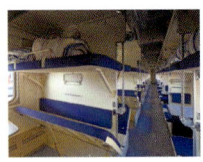

la couchette

la gare

le guichet

le guichet automatique

le métro

le porte-bagages

la porte coulissante

le porteur / la porteuse

le portillon

le quai

la station de métro

la salle d'attente

le tableau des départs

le train

le TGV

le train de marchandises

le train de passagers

le viaduc

la voiture

la voie

la voiture couchettes

LES VOYAGES EN AVION

Il y a beaucoup d'aéroports en France, mais certains vols entre l'étranger et la province ne fonctionnent qu'en certaines saisons. Il est donc conseillé de vérifier le calendrier des vols avant votre départ.

VOUS POUVEZ DIRE...

Je cherche l'enregistrement / ma porte d'embarquement.

J'enregistre une valise.

De quelle porte part l'avion ?

À quelle heure l'embarquement commence-t-il / se termine-t-il ?

Ce vol est-il à l'heure ?

J'aimerais un siège côté hublot / couloir, s'il vous plaît.

J'ai perdu mes bagages.

Mon vol a du retard.

J'ai raté ma correspondance.

Est-ce qu'il y a une navette ?

VOUS POUVEZ ENTENDRE...

L'enregistrement pour le vol... est ouvert.

Puis-je voir votre passeport, s'il vous plaît ?

Vous avez combien de bagages à enregistrer ?

Vos bagages dépassent la limite de poids autorisé.

Veuillez vous diriger vers la porte...

Votre vol est à l'heure / en retard.

C'est votre valise ?

L'embarquement pour le vol... va commencer.

Dernier appel pour le passager...

VOCABULAIRE

la compagnie aérienne

Arrivées / Départs

le contrôle des passeports

la douane

le steward / l'hôtesse *f*

la classe affaires / économique

le couloir

la ceinture de sécurité

la soute

l'aile *f*

le réacteur

les bagages enregistrés *mpl*

l'excédent de bagages *m*

le décalage horaire

s'enregistrer (en ligne)

l'aéroport *m*

l'avion *m*

le bagage à main

les bagages en cabine *mpl*

la boutique hors taxes

la cabine

la carte d'embarquement

le chariot à bagages

le cockpit

le compartiment à bagages

le contrôle de sécurité

le gilet de sauvetage

les guichets d'enregistrement *mpl*

le masque à oxygène

le passeport

le personnel navigant

le pilote / la pilote

la piste

la porte d'embarquement

le tableau des départs

la tablette

le terminal

la valise

la zone de retrait des bagages

LES VOYAGES EN BATEAU

De nombreux ports sur les côtes nord et sud de la France assurent la liaison avec l'Europe et l'Afrique du Nord. Il existe aussi un réseau de rivières et de canaux long d'environ 8 500 km.

VOUS POUVEZ DIRE…

À quelle heure est le prochain bateau pour… ?

D'où part le bateau ?

À quelle heure est le dernier bateau pour… ?

Combien de temps dure le trajet / la traversée ?

Combien y a-t-il de traversées par jour ?

Combien ça coûte pour… passagers ?

Combien ça coûte pour une voiture ?

J'ai le mal de mer.

VOUS POUVEZ ENTENDRE…

Le bateau part de…

Le trajet / La traversée dure…

Il y a… traversées par jour.

Le ferry a du retard / est annulé.

Les conditions en mer sont bonnes / mauvaises.

VOCABULAIRE

la traversée en ferry	le phare	débarquer
le terminal de ferry	le canot de sauvetage	monter à bord de
le hublot		naviguer
la proue	le capitaine / la capitaine	embarquer
la poupe	l'équipage *m*	

GÉNÉRAL

l'ancre *f*

la bitte d'amarrage

la bouée

la bouée de sauvetage

le canal

l'écluse *f*

le gilet de sauvetage

la jetée

la passerelle

le pont

le port

le port de plaisance

BATEAUX DIVERS

la barque

le canoë

le canot pneumatique

le ferry

le hors-bord

le kayak

le paquebot

le voilier

le yacht

À LA MAISON

La France attire de très nombreux touristes et expatriés à la recherche d'un chez-soi temporaire, pour des vacances ou un séjour plus long : un appartement en centre-ville, un gîte à la campagne ou un manoir luxueux.

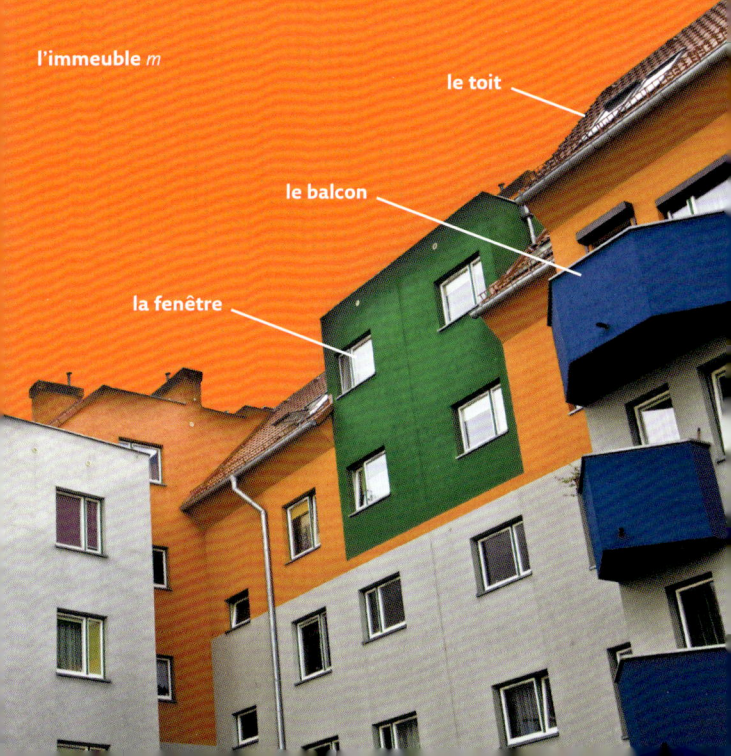

l'immeuble *m*

le toit

le balcon

la fenêtre

L'ESSENTIEL

La plupart des Français vivent en ville, mais il est courant de passer « un week-end au vert » (c'est-à-dire à la campagne), pour rendre visite à sa famille ou découvrir de nouveaux paysages.

VOUS POUVEZ DIRE…

- J'habite à…
- Je loge à…
- Mon adresse est…
- J'ai un appartement / une maison.
- Je suis le propriétaire / locataire.
- Je viens d'emménager.
- Je déménage à…
- J'aimerais acheter / louer ici.

VOUS POUVEZ ENTENDRE…

- Où habitez-vous ?
- Où êtes-vous logé ?
- Depuis combien de temps habitez-vous ici ?
- Quelle est votre adresse ?
- Vous êtes le propriétaire / locataire ?
- Vous aimez ce quartier ?
- Où déménagez-vous ?

LE SAVIEZ-VOUS ?

Les contrats de location varient selon que le logement est meublé ou vide. Le propriétaire vous demandera généralement de payer des « arrhes » pour retenir une location.

VOCABULAIRE

- le gîte rural
- la maison mitoyenne
- le bâtiment
- l'adresse *f*
- le quartier
- le propriétaire / la propriétaire
- le locataire / la locataire
- le voisin / la voisine
- le prêt immobilier
- l'agence immobilière *f*
- le loyer
- le contrat de location
- la location de vacances
- louer
- acheter

TYPES DE BÂTIMENT

la ferme

l'immeuble *m*

la maison de ville

le pavillon de banlieue

le studio

la villa

construire une maison

déménager

vendre

LA MAISON

VOUS POUVEZ DIRE...

Nous rénovons la maison.

Nous repeignons le salon.

Il y a un problème avec...

Ça ne marche pas.

La chaudière est en panne.

Il n'y a pas d'eau chaude.

J'ai besoin d'un plombier / électricien.

Connaissez-vous quelqu'un ?

C'est réparable ?

Ça sent le gaz / la fumée.

Le wifi ne fonctionne pas.

VOUS POUVEZ ENTENDRE...

Quel est le problème ?

C'est cassé / Ça fuit depuis combien de temps ?

Où est le compteur / la boîte à fusibles ?

Voici le numéro d'un plombier / électricien.

VOCABULAIRE

la pièce	le balcon	le chauffage central
la cave	l'antenne parabolique *f*	la porte de derrière
le grenier	l'adaptateur *m*	la lucarne
le plafond	l'électricité *f*	réparer
le mur	la plomberie	décorer
le sol		rénover

LE SAVIEZ-VOUS ?

En France, les artisans du bâtiment doivent être assurés et immatriculés. Le propriétaire de la maison doit s'assurer que tous les travaux sont réalisés par un artisan qualifié.

À L'INTÉRIEUR

l'alarme *f*

l'ampoule *f*

la boîte à fusibles

la chaudière

la climatisation

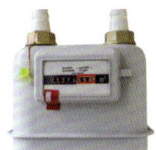
le compteur

le détecteur de fumée

l'interrupteur *m*

la multiprise

le poêle à bois

la porte-fenêtre

la prise (femelle)

la prise (mâle)    le radiateur   le radiateur électrique

le thermostat   le Velux®   le ventilateur de plafond

À L'EXTÉRIEUR

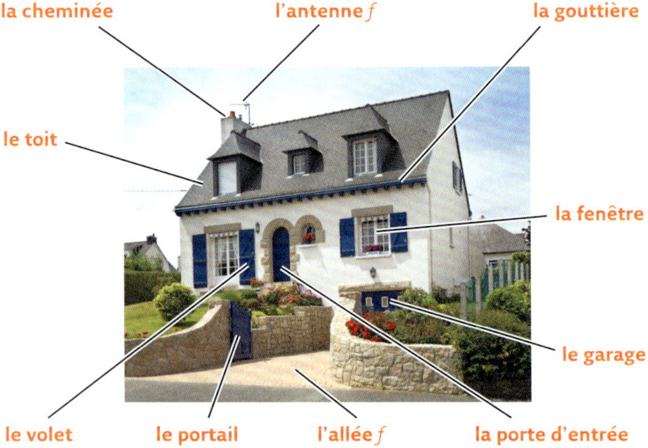

- la cheminée
- l'antenne *f*
- la gouttière
- le toit
- la fenêtre
- le garage
- le volet
- le portail
- l'allée *f*
- la porte d'entrée

L'ENTRÉE

VOUS POUVEZ DIRE / ENTENDRE...

Voulez-vous passer à la maison ?

Bonjour ! Entrez.

Faites comme chez vous.

Est-ce que je dois enlever mes chaussures ?

Où sont vos toilettes ?

Merci de m'avoir invité.

VOCABULAIRE

l'entrée *f*

le judas

le couloir

la cage d'escalier

l'escalier *m*

le palier

sonner à la porte

s'essuyer les pieds

accrocher sa veste

l'ascenseur *m*

la boîte aux lettres

la clé

l'interphone *m*

le paillasson

la sonnette

LE SALON

VOCABULAIRE

la moquette

le parquet

les meubles *mpl*

le canapé-lit

la lampe

le téléviseur

la télévision par câble / satellite / à la demande

la box Internet

GÉNÉRAL

la bibliothèque

le buffet

le lecteur DVD / Blu-ray®

le meuble télé

la radio

les rideaux *mpl*

le store vénitien

la télécommande

la vitrine

se détendre

écouter de la musique

regarder la télé

LE SALON

- la cheminée
- la table basse
- le tableau
- l'applique *f*
- la télé
- le canapé
- l'objet décoratif *m*
- le fauteuil
- le tapis
- le coussin
- l'étagère *f*
- le repose-pied

LA CUISINE

En France, les cuisines sont souvent séparées des autres pièces et ne servent pas à recevoir les invités. Une cuisine ouverte sur une autre pièce est appelée « cuisine américaine ».

VOCABULAIRE

la cuisinière

la gazinière

la hotte

la bouilloire

le grille-pain

cuisiner

bouillir

rôtir

cuire (au four)

débarrasser le plan de travail

ranger les courses

LE SAVIEZ-VOUS ?

On peut citer comme ustensiles de cuisine typiquement français : l'appareil à raclette pour cuisiner un plat suisse à base de fromage fondu, les moules à madeleines pour faire cuire ces petits gâteaux en forme de coquillage, le chinois (passoire très fine pour faire des sauces).

LES USTENSILES DE CUISINE

le batteur

la cafetière à piston

la casserole

la cocotte

le couteau de cuisine

la cuillère en bois

l'économe *m*

le fouet

la louche

l'ouvre-boîtes *m*

la passoire

la planche à découper

la plaque de cuisson

la poêle

le presse-purée

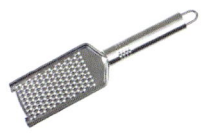
la râpe

le robot de cuisine

le rouleau à pâtisserie

le saladier

la spatule

le tamis

le tire-bouchon

le verre mesureur

le wok

GÉNÉRAL

l'essuie-tout *m*

le film alimentaire

le papier aluminium

la poubelle à pédale

le tablier

le torchon (à vaisselle)

faire la vaisselle

faire sauter

frire

LA CUISINE

- l'évier *m*
- le four
- la plaque chauffante
- le four à micro-ondes
- le spot
- le réfrigérateur-congélateur
- le robinet
- le tiroir
- le plan de travail
- le carrelage
- le placard
- l'égouttoir *m*

LA SALLE À MANGER

VOCABULAIRE

la vaisselle

les couverts *mpl*

le dessous de plat

mettre la table

dîner

déjeuner

prendre le petit-déjeuner

débarrasser la table

LE SAVIEZ-VOUS ?

Quand on dîne chez des Français, les bonnes manières veulent qu'on pose ses mains sur la table. Il ne faut pas commencer à manger avant que votre hôte vous ait souhaité « bon appétit ».

GÉNÉRAL

le dessous de verre

le moulin à poivre

le plat de service

le saladier

la salière

la saucière

la serviette

le set de table

la table de salle à manger

LES COUVERTS

l'assiette *f*

le bol

le couteau et la fourchette

la cuillère

la cuillère à café

la flûte à champagne

la tasse et la soucoupe

le verre

le verre à pied

LA CHAMBRE

VOCABULAIRE

la chambre principale

la chambre d'amis

la salle de bains attenante

la literie

aller se coucher

dormir

se réveiller

faire le lit

changer les draps

GÉNÉRAL

la chambre d'enfant

la coiffeuse

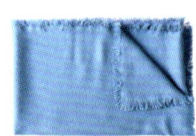

la couverture

les draps *mpl*

l'édredon *m*

le lit deux personnes

le lit d'une personne

les lits superposés *mpl*

le panier à linge

le portemanteau

le radio-réveil

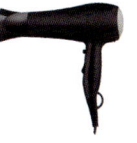
le sèche-cheveux

LA CHAMBRE

- le miroir
- la commode
- le lit
- l'armoire *f*
- la couette 
- les rideaux *mpl*
- la lampe de chevet
- le tapis
- l'oreiller *m*
- le matelas
- le fauteuil
- la table de chevet

LA SALLE DE BAINS

Dans beaucoup de maisons françaises, les toilettes sont séparées de la salle de bains. Il arrive souvent que la machine à laver soit installée dans la salle de bains plutôt que dans la cuisine ou la buanderie.

VOCABULAIRE

le rideau de douche	tirer la chasse	se doucher
le siège des W.-C.	faire sa toilette	aller aux toilettes

GÉNÉRAL

la brosse de toilettes **l'éponge** *f* **l'essuie-mains** *m*

la fleur de douche **le gant de toilette** **le papier toilette**

le savon **la serviette de bain** **le tapis de bain**

 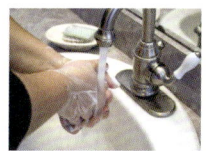 

se brosser les dents | se laver les mains | prendre un bain

LA SALLE DE BAINS

- le lavabo
- les toilettes *fpl*
- le miroir
- la douche
- le porte-serviettes
- le robinet
- le meuble de salle de bains
- le bidet
- la paroi de douche
- la baignoire

LE JARDIN

VOCABULAIRE

l'arbre *m*   la plante   désherber

la terre   la mauvaise herbe   arroser

l'herbe *f*   la plate-bande   cultiver

GÉNÉRAL

l'abri de jardin *m*

l'arrosoir *m*

la binette

les bottes en caoutchouc *fpl*

la brouette

le compost

le déplantoir

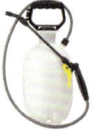
le désherbant

la fourche

les gants de jardinage *mpl*

le jardinier / la jardinière

la jardinière

le jardin ouvrier

le parasol

la pelle

le pot de fleurs

le sécateur

la serre

la terrasse en bois

la tondeuse

le tuyau d'arrosage

arroser les plantes   planter   tondre le gazon

LE JARDIN

la pelouse

l'arbuste *m*

le portail

la palissade

le treillis

le nichoir

le chemin

les fleurs *fpl*

la terrasse

les meubles de jardin *mpl*

le pot de fleurs

LE MÉNAGE

VOCABULAIRE

la buanderie

les appareils électroménagers *mpl*

la bassine

le désinfectant

la lessive

la poubelle de recyclage

la corbeille

balayer le sol

faire la lessive

faire la poussière

passer l'aspirateur

ranger

nettoyer

sortir les poubelles

l'aspirateur *m*

le balai

la corde à linge

l'eau de javel *f*

l'étendoir *m*

le fer à repasser

les gants en caoutchouc *mpl*

le lave-vaisselle

le liquide vaisselle

la machine à laver

la pastille lave-vaisselle

la pelle

les pinces à linge *fpl*

la planche à repasser

la poubelle

le sac poubelle

le seau

le sèche-linge

la serpillière

le tampon à récurer

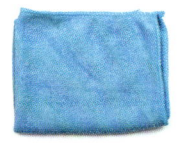
le torchon

LES MAGASINS

Des marchés pleins de produits appétissants et de spécialités régionales, l'odeur du pain frais quand on passe devant la boulangerie, des boutiques chic proposant des marques françaises… c'est tout cela qu'évoque le shopping en France. Parallèlement, vous trouverez aussi des grandes surfaces, des centres commerciaux très fréquentés ou de grandes chaînes présentes dans beaucoup de centres-villes.

le panier

la banane

le pain

l'huile végétale *f*

L'ESSENTIEL

La plupart des magasins français sont ouverts du lundi au samedi, même si dans les petites villes et les villages ils sont souvent fermés le lundi (toute la journée ou une partie seulement). Beaucoup de magasins ferment aussi entre midi et 14 heures. Les magasins et les supermarchés ouverts 24 heures sur 24 sont rares, même dans les très grandes villes.

VOUS POUVEZ DIRE…

- Où est le / la… ?
- Où est le / la… le / la plus proche ?
- Où est-ce qu'on peut acheter… ?
- Vous ouvrez / fermez à quelle heure ?
- Je ne fais que regarder, merci.
- Est-ce que vous avez… ?
- Je vais prendre…
- Est-ce que je peux payer en liquide / par carte ?
- Est-ce que je peux payer avec mon smartphone ?
- Ça coûte combien ?
- Combien coûte la livraison ?
- J'aurais besoin de…
- Je voudrais…
- C'est possible d'échanger cet article ?
- Est-ce que je peux me faire rembourser ?
- C'est tout, merci.

VOUS POUVEZ ENTENDRE…

- Est-ce qu'on s'occupe de vous ?
- Et avec ceci ?
- Ça fait…
- Je suis désolé(e), on n'a pas de…
- Je peux vous le commander.
- Comment voulez-vous payer ?
- Je vous l'emballe ?
- Est-ce que vous voulez le ticket de caisse ?
- Nous ne reprenons / n'échangeons pas les articles.
- Est-ce que vous avez le ticket de caisse ?
- Bonne journée !

VOCABULAIRE

le magasin	le remboursement	faire les magasins
le liquide	le coupon	acheter
le code confidentiel	le client / la cliente	commander
l'échange *m*	sans contact	passer à la caisse

LE SAVIEZ-VOUS ?

En France, les magasins n'ont plus le droit de distribuer des sacs en plastique à usage unique. Dans beaucoup de cas, ils ont adopté les sacs en papier, ainsi que des sacs en plastique réutilisables et payants.

GÉNÉRAL

l'argent liquide *m*

les billets de banque *mpl*

la caisse

la carte de paiement / de crédit

le centre commercial

le comptoir

le lecteur de cartes

les pièces de monnaie *fpl*

les provisions *fpl*

le reçu

le sac en papier

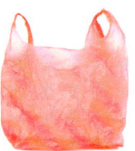
le sac en plastique

le sac réutilisable

le supermarché

le vendeur / la vendeuse

faire des courses

faire du shopping en ligne

payer sans contact

LE SUPERMARCHÉ

L'achat d'épicerie en ligne est moins répandu en France que dans certains autres pays, mais c'est une tendance en hausse. Si la plupart des supermarchés proposent la vente en ligne et un service de livraison, ceux-ci ne sont pas toujours disponibles dans toutes les régions.

VOUS POUVEZ DIRE…

Où est-ce que je peux trouver… ?

Je cherche le rayon des…

Est-ce que vous avez… ?

Je voudrais un sac en plastique.

VOUS POUVEZ ENTENDRE…

Nous avons / Nous n'avons pas…

Ça se trouve dans l'allée 1 / 2 / 3.

Les sacs sont payants.

Est-ce que vous avez une carte de fidélité ?

VOCABULAIRE

la carte de fidélité	le paquet	surgelé(e)
l'épicerie fine *f*	en boîte	allégé
le plat cuisiné	frais / fraîche	basses calories

GÉNÉRAL

l'allée *f*

la balance

le bocal

la boîte

la bouteille

la brique

le chariot

la conserve

le panier

LES COURSES

les biscuits *mpl*

le café instantané

la confiture

le couscous

les épices *fpl*

les fines herbes *fpl*

l'huile d'olive *f*

l'huile végétale *f*

le ketchup

la marmelade

la mayonnaise

le miel

les nouilles *fpl*

les pâtes *fpl*

le poivre

le riz

les sachets de thé *mpl*

le sel

le sucre

le sucre glace

le vinaigre

LES EN-CAS

les bonbons *mpl*

les chips *fpl*

le chocolat

les fruits à coque *mpl*

le popcorn

les olives *fpl*

LES BOISSONS

la bière

la boisson gazeuse

l'eau minérale *f*

le jus de fruit

les spiritueux *mpl*

le vin

LE MARCHÉ

La plupart des marchés ouvrent tôt le matin et finissent avant l'heure du déjeuner. Il est conseillé d'être matinal si on veut acheter les produits les plus frais.

VOUS POUVEZ DIRE...

Où est le marché ?

Le marché a lieu quel jour ?

Un kilo / Cent grammes de...

Deux / Trois..., s'il vous plaît.

Combien je vous dois ?

VOUS POUVEZ ENTENDRE...

Le marché se trouve sur la place.

Le marché a lieu le mardi.

Je peux vous aider ?

Voilà. Et avec ceci ?

Voici votre monnaie.

VOCABULAIRE

la place du marché

le marché nocturne

le commerçant / la commerçante

l'étal *m*

les produits *mpl*

local(e)

bio

saisonnier / saisonnière

fait(e) maison

LE SAVIEZ-VOUS ?

Marchander ne se fait pas sur un étal de fruits et légumes... mais c'est différent au marché aux puces !

le marché aux puces

le marché couvert

le marché fermier

LES FRUITS ET LÉGUMES

VOUS POUVEZ DIRE...

Est-ce que vous avez... ?

Est-ce qu'ils sont mûrs / frais ?

VOUS POUVEZ ENTENDRE...

Qu'est-ce que vous désirez ?

Ils sont tout frais.

VOCABULAIRE

l'épicerie *f*	frais / fraîche	couper
le jus	pourri(e)	couper en dés
la graine	mûr(e)	couper en rondelles
le quartier	pas mûr(e)	râper
cru(e)	sans pépins	peler

LE SAVIEZ-VOUS ?

N'oubliez pas que, si vous achetez des fruits ou des légumes au supermarché, vous devrez souvent les peser avant de passer à la caisse.

GÉNÉRAL

la feuille

le noyau

la peau

la pelure

les pépins

le zeste

LES FRUITS

l'abricot *m*

l'ananas *m*

la banane

le cassis

la cerise

le citron

la fraise

la framboise

le fruit de la passion

la groseille à maquereau

la groseille rouge

le kiwi

la mangue

le melon

la mûre

la myrtille

l'orange *f*

le pamplemousse

la pastèque

la pêche

la poire

la pomme

la prune

le raisin

LES LÉGUMES

l'ail *m*

l'artichaut *m*

les asperges *fpl*

l'aubergine *f*

la betterave rouge

le brocoli

la carotte

le céleri en branches

le champignon

le chou de Bruxelles

le chou-fleur

le chou vert

le concombre

la courgette

les épinards *mpl*

les haricots verts *mpl*

la laitue

l'oignon *m*

les petits pois *mpl*

le piment

le poireau

le poivron rouge

la pomme de terre

la tomate

LA POISSONNERIE

Demandez son avis au poissonnier : quel est le poisson le plus frais, lequel a été congelé, lequel est de saison, est-ce une pêche locale ?

VOUS POUVEZ DIRE...

Quand est-ce que ce poisson a été pêché ?

Je voudrais que vous leviez les filets, s'il vous plaît.

Est-ce que vous pouvez enlever les arêtes ?

VOUS POUVEZ ENTENDRE...

Ce poisson a été pris...

Est-ce que vous voulez qu'on lève les filets ?

VOCABULAIRE

le poissonnier / la poissonnière	d'eau douce	salé(e)
le filet	de mer	fumé(e)
les écailles *fpl*	d'élevage	découpé(e) en filets
	sauvage	désarêté(e)

LE SAVIEZ-VOUS ?

Les poissonniers vendent aussi des escargots et, plus rarement, des cuisses de grenouille.

GÉNÉRAL

l'arête *f*

la coquille

les œufs de poisson *mpl*

LES POISSONS

l'aiglefin *m*

le bar

le cabillaud

la dorade

le hareng

la limande-sole

le maquereau

la raie

la sardine

le saumon

le thon

la truite

LES FRUITS DE MER

le calamar

le crabe

la coquille Saint-Jacques

la crevette

l'écrevisse *f*

les fruits de mer *mpl*

le homard

l'huître *f*

la moule

l'oursin *m*

la palourde

le poulpe

LA BOUCHERIE

En France, les bouchers peuvent vous conseiller sur les morceaux les mieux adaptés à vos recettes, ainsi que sur les spécialités régionales qu'ils proposent en magasin.

VOUS POUVEZ DIRE…

Un kilo de…

Une tranche de…, s'il vous plaît.

Est-ce que vous pouvez me le trancher, s'il vous plaît ?

Quel est le meilleur morceau pour… ?

VOUS POUVEZ ENTENDRE…

Oui, monsieur / madame.

Vous en voulez combien ?

Je vous conseillerais…

VOCABULAIRE

le boucher / la bouchère

la viande

la charcuterie

le morceau (de viande)

le bœuf

le porc

l'agneau *m*

le gibier

le poulet

le veau

la volaille

le canard

l'oie *f*

la dinde

les abats *mpl*

cuit(e)

cru(e)

élevé(e) en plein air

le blanc de poulet

la côtelette

les côtes *fpl*

le jambon

le lard

les lardons *mpl*

le pâté

le rôti

les saucisses *fpl*

le saucisson

le steak

le steak haché

la viande blanche

la viande hachée

la viande rouge

LA BOULANGERIE-PÂTISSERIE

En France, la définition d'une boulangerie est strictement réglementée : les boulangeries doivent fabriquer le pain sur le lieu de vente, sans conservateurs ni additifs, et ne doivent ni surgeler ni congeler la pâte ou les pains.

VOUS POUVEZ DIRE…

Est-ce que vous avez… ?

Je vais prendre…

À combien sont les… ?

VOUS POUVEZ ENTENDRE…

Est-ce qu'on s'occupe de vous ?

Et avec ceci ?

Ça fait…

VOCABULAIRE

le boulanger / la boulangère

le pain

une tranche

la croûte

la pâte

la farine

sans gluten

faire cuire au four

LE SAVIEZ-VOUS ?

Un dépôt de pain est un magasin ou un comptoir qui vend des produits de boulangerie fabriqués en dehors de son site.

le baba au rhum

la baguette

le beignet

la brioche

le chou à la crème

le croissant

le croissant aux amandes

l'éclair *m*

le macaron

le millefeuille

le pain au chocolat

le pain aux raisins

les petits pains *mpl*

le pain complet

la tarte aux fruits

LA FROMAGERIE

Le fromage occupe une place très importante dans l'alimentation des Français. Fromages au lait de vache, de brebis ou de chèvre, cuits, à pâte molle ou persillée, la variété est grande. Les fromagers conseillent volontiers leurs clients et leur proposent parfois de goûter les produits.

VOCABULAIRE

le fromage   le bleu   le fromage à tartiner

LE SAVIEZ-VOUS ?

L'« AOC », ou « appellation d'origine contrôlée », indique la provenance géographique d'un produit. Elle est considérée comme une garantie de qualité et de spécialité. Plus de 40 fromages et de 300 vins français portent le label AOC.

LES FROMAGES

le brie   le camembert   le cantal

le comté   l'emmental *m*   l'époisses *m*

la faisselle

le fromage de chèvre

le gruyère

le manchego

la mimolette

la mozzarella

le reblochon

le parmesan

le roquefort

LES PRODUITS FRAIS ET LAITIERS

Les Français consomment beaucoup de lait UHT, mais il est aussi possible de trouver du lait frais dans les supermarchés ou d'acheter du lait cru (c'est-à-dire non pasteurisé) directement au producteur.

VOCABULAIRE

le blanc d'œuf

le jaune d'œuf

le lait entier

le lait écrémé / demi-écrémé

le lait UHT

le lait de soja

la crème liquide / épaisse

la crème fraîche

les œufs de poules élevées en plein air

pasteurisé(e)

non pasteurisé(e)

sans produits laitiers

le beurre

la crème

le lait

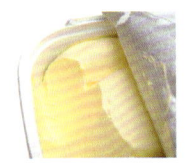

la margarine

l'œuf *m*

le yaourt

LA PHARMACIE

En France, chaque pharmacie est gérée par le pharmacien qui en est le propriétaire. Il n'y a donc pas de chaînes de pharmacies. Beaucoup d'établissements ont aussi des « parapharmacies » qui proposent entre autres des produits d'hygiène et de beauté, mais pas de médicaments.

VOUS POUVEZ DIRE...

Est-ce que vous avez quelque chose contre... ?

Je suis allergique à...

Je viens chercher mes médicaments.

Qu'est-ce que vous me conseillez ?

Est-ce que ça convient pour les tout-petits ?

VOUS POUVEZ ENTENDRE...

Vous avez une ordonnance ?

Est-ce que vous avez des allergies ?

Prenez deux cachets deux fois par jour.

Vous devriez voir un médecin.

Je vous conseillerais...

VOCABULAIRE

le pharmacien / la pharmacienne

l'ordonnance f

l'antihistaminique m

le décongestionnant

l'analgésique m

l'antibiotique m

le parfum

le rhume

la diarrhée

le rhume des foins

le mal de tête / ventre

le mal de gorge

GÉNÉRAL

le bandage

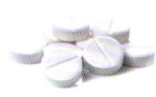

le comprimé

le coupe-ongles

la crème antiseptique

la crème solaire

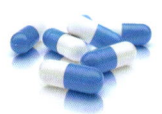
la gélule

les gouttes *fpl*

le pansement adhésif

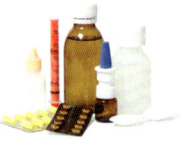
les médicaments *mpl*

la pastille

la pince à épiler

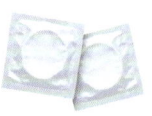
le préservatif

le répulsif à insectes

le savon liquide

le sirop contre la toux

LES PRODUITS D'HYGIÈNE

l'après-shampooing *m*

le bain de bouche

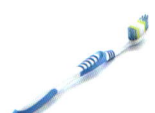
la brosse à dents

le dentifrice

le déodorant

le gel douche

la mousse à raser

le rasoir

le savon

la serviette hygiénique

le shampooing

le tampon

LES PRODUITS DE BEAUTÉ

le baume à lèvres

la brosse à cheveux

la crème hydratante

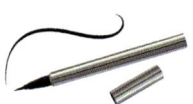
l'eye-liner *m*

le fard à joues

le fard à paupières

le fond de teint

le mascara

le peigne

la poudre

le rouge à lèvres

le vernis à ongles

POUR BÉBÉ

Si vous prévoyez d'aller en France avec votre bébé, vous pourrez louer l'équipement nécessaire auprès d'une société spécialisée.

VOCABULAIRE

les coliques *fpl*	le sac hygiénique	allaiter
la couche jetable / lavable	l'érythème fessier *m*	faire ses dents

LES VÊTEMENTS

le bavoir

le body

les chaussons de bébé *mpl*

la combi-pilote

la grenouillère

les moufles *fpl*

LA SANTÉ ET L'HYGIÈNE

les aliments pour bébés *mpl*

le biberon

le boudoir

 le coton hydrophile

 le coton-tige®

 la couche

 la crème hydratante pour bébé

 la crème pour le change

 le lait maternisé

 les lingettes humides *fpl*

 le sac à langer

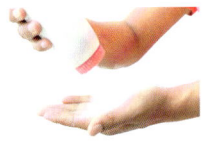 le talc

LES ACCESSOIRES

 l'anneau de dentition *m*

 la baignoire pour bébé

 la chaise haute

le couffin

le landau

le lit d'enfant

le lit-parapluie

le mobile

la poussette

le siège bébé

la tétine

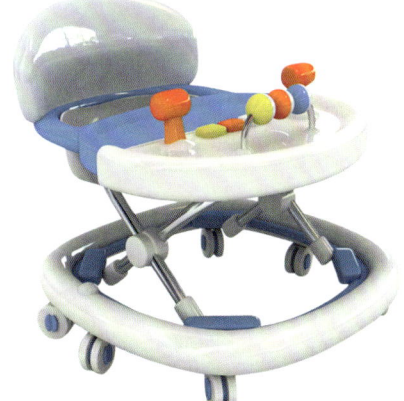
le trotteur

LE MARCHAND DE JOURNAUX

En plus de la presse et des magazines, les marchands de journaux français vendent souvent du tabac, des timbres et des titres de transport en commun.

VOCABULAIRE

le kiosque

le (bureau de) tabac

le vendeur / la vendeuse

la presse

le carnet

les fournitures de bureau *fpl*

le quotidien

l'hebdomadaire *m*

GÉNÉRAL

la bande dessinée

le carnet

la carte

la carte à gratter

la carte de vœux

la carte postale

le cigare

la cigarette

la cigarette électronique

la confiserie | le crayon | l'enveloppe *f*

le journal | le livre | le livre de jeux

le magazine

le stylo | le timbre

LE GRAND MAGASIN

Les grands magasins font partie depuis longtemps du paysage des grandes villes, où ils sont nombreux. Si beaucoup de petits commerces ferment à l'heure du déjeuner, les grands magasins restent souvent ouverts toute la journée (c'est ce que l'on appelle « la journée continue »).

VOUS POUVEZ DIRE…

Où est le rayon hommes ?

Le rayon vaisselle est à quel étage ?

Est-ce que vous pouvez me faire un paquet-cadeau ?

Est-ce qu'il y a des toilettes ici ?

VOUS POUVEZ ENTENDRE…

Le rayon hommes est au deuxième étage.

Les caisses sont là-bas.

Est-ce que vous voulez un paquet-cadeau ?

L'ascenseur est par là.

VOCABULAIRE

la marque

le comptoir

le rayon

l'étage *m*

les soldes *mpl*

les vêtements pour femme *mpl*

les vêtements pour homme *mpl*

les vêtements de sport *mpl*

les maillots de bain *mpl*

GÉNÉRAL

l'ascenseur *m*

l'escalator *m*

les toilettes *fpl*

LES RAYONS

les accessoires de mode *mpl*

l'alimentation *f*

les chaussures *fpl*

l'éclairage *m*

les jouets *mpl*

la lingerie

la maroquinerie

les meubles *mpl*

la mode

les produits de beauté *mpl*

les tissus d'ameublement *mpl*

les ustensiles de cuisine *mpl*

LES VÊTEMENTS ET LES CHAUSSURES

La mode est l'un des secteurs qui font la célébrité de la France. Les Champs-Élysées sont probablement la rue commerçante la plus connue au monde. Le quartier où ils se trouvent accueille les enseignes de mode les plus prestigieuses, mais aussi des marques françaises plus abordables. Beaucoup de Parisiens l'appellent simplement « Les Champs ».

VOUS POUVEZ DIRE…

- Je ne fais que regarder, merci.
- Je voudrais l'essayer, s'il vous plaît.
- Où sont les cabines d'essayage ?
- Je fais du…
- Vous avez la taille au-dessus / au-dessous ?
- Vous avez la pointure au-dessus / au-dessous ?
- C'est trop petit / grand.
- C'est trop serré / court / long.
- C'est déchiré.
- La coupe ne me va pas.

VOUS POUVEZ ENTENDRE…

- Je peux vous aider ?
- N'hésitez pas si vous avez besoin d'un renseignement.
- Les cabines sont par là.
- Quelle taille faites-vous ?
- Quelle pointure faites-vous ?
- Je suis désolé, nous n'avons plus ce modèle / cette taille / cette couleur.
- Je vous en apporte un autre.
- Ça vous va bien.

VOCABULAIRE

- les vêtements *mpl*
- les chaussures *fpl*
- les sous-vêtements *mpl*
- la cabine d'essayage
- la taille
- la pointure
- le style
- la laine
- le coton
- le cuir
- la soie
- synthétique
- élégant(e)
- large
- grande taille
- essayer
- être à la bonne taille

LES VÊTEMENTS

le caleçon

les chaussettes *fpl*

la chemise

le chemisier

les collants *mpl*

le costume

la cravate

le gilet

l'imperméable *m*

le jean

la jupe

le legging

le (maillot) deux-pièces

le maillot une-pièce

le manteau

le pantalon

le pantalon de survêtement

le pull

le pyjama

la robe

la robe de chambre

le short

le slip

le soutien-gorge

le sweat

le t-shirt

la veste

LES ACCESSOIRES

les bijoux *mpl*

le bonnet

les boucles d'oreille *fpl*

le bracelet

la casquette

la ceinture

le collier

l'écharpe *f*

les gants *mpl*

la montre

le parapluie

le parfum

le portefeuille

le porte-monnaie

le sac à main

LES CHAUSSURES

les baskets *fpl*

les bottes *fpl*

les chaussures à lacets *fpl*

les pantoufles *fpl*

les sandales *fpl*

les talons hauts *mpl*

LE MAGASIN DE BRICOLAGE

Quincailleries de quartier, chaînes nationales, magasins pour professionnels : en France, il y a beaucoup de choix pour les bricoleurs.

VOCABULAIRE

le bricolage

la quincaillerie

l'outil *m*

l'outil électrique *m*

la boîte à outils

la menuiserie

faire du bricolage

peindre

LES COMPÉTENCES

l'électricité *f*

la peinture et la tapisserie

la plomberie

L'ÉQUIPEMENT

le burin

les carreaux *mpl*

la clé à molette

la clé plate

les clous *mpl*

les écrous et boulons *mpl*

l'escabeau *m*

le marteau

le niveau à bulle

le papier peint

la peinture

la perceuse électrique

le pinceau

le rouleau à peinture

la scie

la tenaille

le tournevis

les vis *fpl*

LES AUTRES MAGASINS

l'agence de voyages f

l'agence immobilière f

l'animalerie f

le barbier

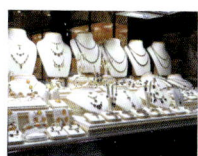
la bijouterie

la boutique de mode

la boutique de téléphonie

la brocante

le caviste

la concession automobile

le fleuriste

la jardinerie

la librairie

le magasin d'alimentation bio

le magasin d'ameublement

le magasin d'antiquités

le magasin de chaussures

le magasin de jouets

le magasin d'électroménager

le magasin de musique

le marchand de primeurs

l'opticien *m*

le salon de beauté

le salon de coiffure

LE QUOTIDIEN

Réunions de travail, repas entre amis, cours… : quel que soit votre emploi du temps pendant votre séjour en France, vous aurez besoin de mots et d'expressions de base pour faire vos courses, planifier vos sorties et organiser votre quotidien.

le café au lait

l'anse *f*

la tasse

la soucoupe

VOUS POUVEZ DIRE...

Où allez-vous ?

À quelle heure finissez-vous ?

Que faites-vous aujourd'hui / ce soir ?

Vous êtes libre vendredi ?

Voulez-vous qu'on se voie ?

À quelle heure / Où voulez-vous qu'on se retrouve ?

VOUS POUVEZ ENTENDRE...

Je suis au travail / à la fac.

J'ai un jour de congé.

J'ai un rendez-vous.

Je vais à...

Je prévois de...

Je vais revenir vers...

Je vous rejoins à...

Je ne peux pas à ce moment-là, désolé.

VOCABULAIRE

arriver   travailler   rentrer à la maison

GÉNÉRAL

aller se coucher

étudier

s'habiller

partir

retrouver des amis

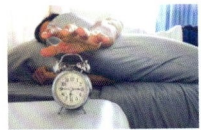
se réveiller

LE PETIT-DÉJEUNER

En France, le petit-déjeuner est souvent plus léger que dans beaucoup d'autres pays. La plupart des Français le prennent à leur domicile.

VOCABULAIRE

| prendre son petit-déjeuner | prendre son petit-déjeuner au lit | sauter le petit-déjeuner |

LE SAVIEZ-VOUS ?

Le mot « chocolatine » s'emploie souvent dans le sud de la France au lieu de « pain au chocolat ».

LES BOISSONS

le café

le café au lait

le chocolat chaud

le jus d'orange

le lait

le thé

LA NOURRITURE

la baguette

le beurre

les céréales *fpl*

la confiture

le croissant

le muesli

le pain au chocolat

la pâte à tartiner

les petits pains *mpl*

la tartine de beurre

la tartine de confiture

la tartine de Nutella®

LES REPAS

En France, le déjeuner est souvent considéré comme le repas le plus important de la journée. Il peut comporter deux ou trois plats. Beaucoup d'entreprises ferment pendant une ou deux heures au moment du déjeuner.

VOUS POUVEZ DIRE...

- Qu'est-ce qu'on mange ce soir ?
- On mange à quelle heure ce midi ?
- Est-ce que je peux avoir... ?
- Je peux goûter ?
- Je suis allergique au / à la...

VOUS POUVEZ ENTENDRE...

- On mange... ce soir.
- Le déjeuner est à treize heures.
- À table !
- Voulez-vous... ?
- Vous en reprendrez bien un peu ?

VOCABULAIRE

la boisson	les plats *mpl*	déjeuner
le déjeuner	la recette	dîner
le dîner	l'apéritif *m*	aller au restaurant
le plat principal	le digestif	

LE SAVIEZ-VOUS ?

Les Français n'ont pas l'habitude de grignoter entre les repas, mais les enfants prennent souvent un en-cas après l'école : c'est « le goûter » ou « le quatre-heures ».

GÉNÉRAL

boire

grignoter

manger

LES ENTRÉES

le bouillon

les carottes râpées *fpl*

la charcuterie

les œufs en cocotte *mpl*

les œufs mayonnaise *mpl*

les olives *fpl*

le pâté

la quiche

la salade niçoise

le saumon fumé

la soupe

la soupe à l'oignon

LES GARNITURES

les crudités *fpl*

le gratin

les frites *fpl*

les légumes *mpl*

les pâtes *fpl*

les pommes de terre *fpl*

le riz

la salade composée

la salade verte

LES CLASSIQUES

le bœuf bourguignon

la bouillabaisse

le cassoulet

le confit de canard

le coq au vin

les escargots à la bourguignonne *mpl*

les moules marinières *fpl*

la quiche lorraine

la raie meunière

la ratatouille

le soufflé

la tarte flambée

LES DESSERTS

le baba au rhum

la crème brûlée

le flan au caramel

le gâteau au chocolat

la glace

la meringue

la mousse au chocolat

les profiteroles *fpl*

le sorbet

la tarte au citron

la tarte aux fruits

la tarte aux pommes

MANGER AU RESTAURANT

VOUS POUVEZ DIRE...

J'aimerais réserver.

Une table pour quatre, s'il vous plaît.

Nous sommes prêts à commander.

Qu'est-ce que vous nous conseillez ?

Quels sont les plats du jour ?

Je vais prendre...

Y a-t-il un menu végétarien / végétalien ?

Avez-vous un menu gastronomique ?

Je suis allergique au / à la...

Excusez-moi, c'est froid.

Ce n'est pas ce que j'ai commandé.

L'addition, s'il vous plaît.

VOUS POUVEZ ENTENDRE...

À quelle heure ?

Combien de personnes ?

Désolé, nous sommes complets.

Désirez-vous des boissons ?

Êtes-vous prêts à commander ?

Je vous conseille...

Les plats du jour sont...

Je vais en parler au chef.

Bon appétit !

VOCABULAIRE

le menu	végétarien(ne)	commander
le service	végétalien(ne)	demander l'addition
le pourboire	sans gluten	être servi(e)
le sommelier / la sommelière	sans produits laitiers	

LE SAVIEZ-VOUS ?

Dans les restaurants français, le pain est fourni gratuitement. Attention cependant : il n'est pas poli de le manger avant que votre repas n'arrive. Il est généralement servi sans beurre et sert à saucer votre assiette.

LES ÉTABLISSEMENTS

le bar

le restaurant

le café

GÉNÉRAL

l'addition *f*

la carafe d'eau

la carte

la chaise

la corbeille à pain

le couteau à fromage

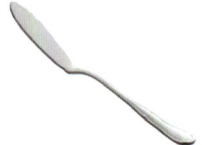

le couteau à poisson   **le couteau à viande**   **les cure-dents** *mpl*

la flûte à champagne   **l'huile et le vinaigre**   **la nappe**

les plats du jour *mpl*   **le sel et le poivre**   **le serveur / la serveuse**

la serviette   **la table**   **le verre à vin**

LE FAST-FOOD

On ne pense pas forcément aux fast-foods quand on pense aux restaurants français ; il y a pourtant beaucoup de choix dans cette catégorie.

VOUS POUVEZ DIRE...

J'aimerais commander, s'il vous plaît.

Est-ce que vous livrez ?

Sur place. / À emporter.

Combien de temps ça va prendre ?

Ce sera tout, merci.

VOUS POUVEZ ENTENDRE...

Je peux vous aider ?

Sur place ou à emporter ?

Nous ne livrons pas.

Et avec ceci ?

Petit, moyen ou grand ?

VOCABULAIRE

le vendeur / la vendeuse

un plat à emporter

les frais de livraison *mpl*

le livreur / la livreuse

manger sur place

passer commande par téléphone

passer commande en ligne

récupérer des plats

GÉNÉRAL

la chaîne de fast-food

la cuisine de rue

le food truck

LA NOURRITURE

la brochette

les crêpes *fpl*

le croque-monsieur

les frites *fpl*

le hamburger

le hot dog

l'omelette *f*

la pizza

le sandwich (au pain de mie)

le sandwich (baguette)

le sushi

le wrap

LA COMMUNICATION ET L'INFORMATIQUE

La technologie joue un rôle essentiel dans notre quotidien. Il suffit d'un clic ou d'un doigt qui glisse sur un écran pour communiquer avec ses amis et sa famille, se tenir informé de l'actualité ou trouver des renseignements.

VOUS POUVEZ DIRE/ENTENDRE…

Je vous appellerai plus tard.

Je vous enverrai un SMS / e-mail.

Quel est votre numéro de téléphone ?

Je vous entends mal.

Je n'ai pas de réseau / wifi.

Quelle est votre adresse e-mail ?

L'adresse du site est…

Quel est le mot de passe pour le wifi ?

C'est en un seul mot.

C'est en majuscules / minuscules.

VOCABULAIRE

le post	l'icône *f*	l'écran tactile *m*
les réseaux sociaux *mpl*	l'appli *f*	la batterie
l'e-mail *m*	les données mobiles *fpl*	le fil
l'adresse électronique *f*	le téléphone portable	passer un appel
l'internet *m*	la ligne fixe	poster (en ligne)
le wifi	le SMS	télécharger
le site web	le signal	charger son portable
le lien	le message vocal	allumer / éteindre
		cliquer sur

LE SAVIEZ-VOUS ?

Les écrans d'ordinateur français utilisent le clavier AZERTY et non pas QWERTY.

GÉNÉRAL

la carte SIM • le chargeur • le routeur sans fil

le smartphone • la tablette • le tapis de souris

L'ORDINATEUR

l'écran *m* • la tour • le bouton • la souris • le clavier

L'ÉDUCATION

En France, l'instruction est obligatoire de 3 à 16 ans. Les écoles maternelles, qui accueillent les enfants de 3 à 6 ans, sont gratuites, comme tous les établissements scolaires publics.

VOUS POUVEZ DIRE...

Qu'est-ce que tu étudies ?

En quelle année es-tu ?

Quelle est ta matière préférée ?

As-tu des devoirs ?

VOUS POUVEZ ENTENDRE...

Je fais des études de...

Je suis en première année / en dernière année.

J'aime bien...

J'ai une rédaction à rendre demain.

VOCABULAIRE

l'école maternelle *f*	l'emploi du temps *m*	le diplôme (universitaire)
l'école primaire *f*	la récréation	
le collège	la classe	le master
le lycée	la cour (de récréation)	la résidence universitaire
l'enseignement secondaire *m*	le cours	la carte d'étudiant
l'enseignement supérieur *m*	le surveillant / la surveillante	les vacances (scolaires) *fpl*
l'université *f*	les devoirs *mpl*	le car de ramassage
l'élève *m* / l'élève *f*	l'examen *m*	apprendre
le professeur / la professeure	l'interrogation *f*	réviser
	la rédaction	obtenir son diplôme
le principal / la principale	la poésie	

LE SAVIEZ-VOUS ?

L'uniforme scolaire n'existe pratiquement pas dans les écoles françaises.

GÉNÉRAL

la cantine

la salle de classe

le terrain de sport

enseigner

étudier

passer un examen

L'ÉCOLE PRIMAIRE ET SECONDAIRE

le cahier

le cartable

le crayon

les crayons de couleur *mpl*

la gomme

le manuel

le papier

la règle

le stylo

le tableau blanc

le taille-crayon

la trousse

L'ENSEIGNEMENT SUPÉRIEUR

l'amphithéâtre *m*

la bibliothèque

la cafétéria

le campus

l'étudiant *m* /
l'étudiante *f*

le professeur
d'université /
la professeure
d'université

LE BUREAU

En règle générale, les horaires de bureau vont de 8 h 30 à 18 h. La pause-déjeuner dure environ une heure.

VOUS POUVEZ DIRE / ENTENDRE...

On peut fixer un rendez-vous ?	Je vous enverrai les documents par e-mail.
Je peux parler à... ?	Monsieur / Madame... est au téléphone.
Qui est au téléphone ?	
Je peux vous rappeler ?	Il / Elle est en réunion.
J'ai un rendez-vous avec...	Voici ma carte de visite.

VOCABULAIRE

le gérant / la gérante	les chiffres *mpl*	le fichier
le personnel	la présentation	la pièce jointe
le collègue / la collègue	le rapport	le nom d'utilisateur
le client / la cliente	la réunion	le mot de passe
les ressources humaines *fpl*	la conférence téléphonique	taper
la comptabilité	la visioconférence	se connecter
	la boîte de réception	fermer la session
		tomber en panne

LE SAVIEZ-VOUS ?

Les Français déjeunent rarement à leur poste de travail. Ils préfèrent généralement faire une pause avec leurs collègues.

l'agrafeuse *f*

le bloc-notes

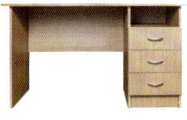

le bureau

la calculatrice

la carte de visite

la cartouche d'encre

la chemise

les ciseaux *mpl*

le classeur

le classeur à anneaux

la clé USB

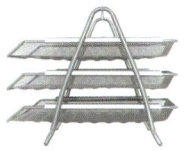
la corbeille à courrier

le fauteuil pivotant

la feuille de calcul

l'imprimante *f*

la lampe de bureau

l'ordinateur portable *m*

la perforatrice

la photocopieuse

les post-it® *mpl*

le ruban adhésif

le scanner

le téléphone

le trombone

avoir une réunion

faire une présentation

passer un appel vidéo

LA BANQUE

La plupart des banques suivent les horaires de bureau habituels et sont ouvertes le samedi.

VOUS POUVEZ DIRE...

J'aimerais...

... ouvrir un compte.

... changer de l'argent.

... m'inscrire aux services bancaires en ligne.

Est-ce qu'il y a des frais ?

Je dois résilier ma carte bancaire.

VOUS POUVEZ ENTENDRE...

Votre pièce d'identité, s'il vous plaît.

Combien voulez-vous retirer / déposer ?

Pouvez-vous taper votre code ?

Vous devez remplir un formulaire.

Vous devez prendre rendez-vous.

Il y a des frais.

VOCABULAIRE

l'agence *f*

les services bancaires en ligne *mpl*

le compte en banque

le compte courant

le compte d'épargne

le numéro de compte

le solde

le découvert

le virement bancaire

la devise

le prêt

les intérêts *mpl*

emprunter

rembourser

LE SAVIEZ-VOUS ?

Si vous utilisez une carte bancaire étrangère en France, la plupart des distributeurs automatiques de billets vous donnent la possibilité d'effectuer vos transactions dans une autre langue que le français.

  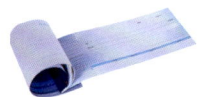

les billets de banque *mpl* | **le bureau de change** | **le carnet de chèques**

la carte de paiement / de crédit | **le coffre-fort** | **le distributeur de billets**

le guichetier / la guichetière | **le relevé de compte** | **le taux de change**

 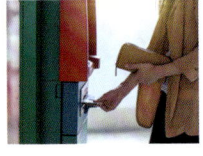 

changer de l'argent | **retirer de l'argent** | **verser de l'argent sur un compte**

LA POSTE

Les heures d'ouverture varient considérablement d'un bureau de poste à l'autre ; pensez donc à les vérifier à l'avance. Notez aussi que certaines boîtes aux lettres comportent une fente pour les destinations proches et une autre pour les plus lointaines.

VOUS POUVEZ DIRE…

- J'aimerais poster ceci en lettre prioritaire / par avion.
- Je pourrais avoir une preuve de dépôt ?
- Ça va mettre combien de temps à arriver ?
- Un carnet de timbres, s'il vous plaît.

VOUS POUVEZ ENTENDRE…

- Posez-le sur la balance, s'il vous plaît.
- Qu'est-ce qu'il y a à l'intérieur ?
- Quelle est la valeur de ce colis ?
- Voulez-vous une preuve de dépôt ?
- Il vous faut combien de timbres ?

VOCABULAIRE

l'adresse *f*	le coursier	la livraison
la lettre prioritaire	le courrier	affranchir
la lettre écopli	le code postal	envoyer
la lettre verte	le destinataire	expédier

LE SAVIEZ-VOUS ?

En plus des timbres rouges (courrier prioritaire) et gris (écopli), il est possible d'acheter des timbres verts pour des envois respectueux de l'environnement à destination de la France.

la boîte

la boîte aux lettres

la carte postale

le colis

l'enveloppe *f*

l'enveloppe à bulles *f*

le facteur / la factrice

la lettre

le timbre

envoyer par avion

poster

réceptionner

EN VILLE

VOUS POUVEZ DIRE...

Dans quelle direction est le centre-ville ?

J'aimerais visiter...

Il faut que j'aille à...

Quelles sont les heures d'ouverture ?

VOUS POUVEZ ENTENDRE...

C'est ouvert entre... et...

C'est fermé le lundi.

LES LIEUX IMPORTANTS

l'aire de jeux *f*

la bibliothèque

le café

la caserne de pompiers

la cathédrale

le commissariat

l'église *f*

la fontaine

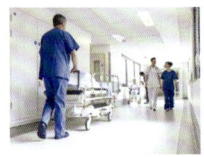
l'hôpital *m*

l'hôtel *m*

l'immeuble de bureaux *m*

la laverie

la mairie

la mosquée

le palais des congrès

le parc

la place

la synagogue

LES LOISIRS

Une excursion, un week-end, une soirée entre copains ou même une soirée chez soi : chacun passe son temps libre comme il lui plaît. Les loisirs sont aussi un sujet de conversation courant entre amis et collègues ; en effet, qui n'aime pas parler de ses vacances ou de ses passe-temps préférés ?

la tente

la corde de tente

le double toit

le tapis de sol

le piquet

L'ESSENTIEL

VOUS POUVEZ DIRE...

Que voulez-vous faire ?

Que faites-vous pendant votre temps libre ?

Avez-vous des passe-temps ?

Est-ce que vous aimez... ?

Ça fait longtemps que vous faites ça ?

Êtes-vous sportif / créatif / musicien ?

Vous partez en vacances cette année ?

VOUS POUVEZ ENTENDRE...

Mes passe-temps sont...

J'aime bien...

J'aime beaucoup.

Ce n'est pas mon truc.

Je pars en vacances.

Je suis sportif / créatif / musicien.

J'ai / Je n'ai pas beaucoup de temps libre.

VOCABULAIRE

les vacances *fpl*

le temps libre

l'activité *f*

le passe-temps

amusant(e)

ennuyeux / ennuyeuse

s'intéresser à

être passionné(e) par

passer le temps

GÉNÉRAL

apprécier

se détendre

s'ennuyer

LES PASSE-TEMPS

le bricolage

la cuisine

le jardinage

les jeux vidéo *mpl*

le jogging

la lecture

la marche

la musique

le shopping

le sport

la télévision

les voyages *mpl*

LE TOURISME

La France est l'une des destinations touristiques les plus fréquentées au monde, ce qui n'est pas étonnant étant donné le nombre de lieux à visiter dans le pays.

VOUS POUVEZ DIRE...

- À combien est l'entrée ?
- Est-ce qu'il y a un tarif réduit pour les étudiants ?
- Où est l'office de tourisme ?
- Est-ce qu'il y a des circuits touristiques ?
- Est-ce qu'il y a des audio-guides ?

VOUS POUVEZ ENTENDRE...

- L'entrée est à...
- Il y a un / Il n'y a pas de tarif réduit.
- L'office de tourisme est...
- Vous pouvez réserver une visite guidée.
- Il y a des / Il n'y a pas d'audio-guides.

VOCABULAIRE

- l'attraction touristique *f*
- l'excursion *f*
- la réserve naturelle
- le site historique
- visiter
- voir

LE SAVIEZ-VOUS ?

Certains sites historiques et culturels, par exemple les musées et les châteaux, sont fermés un jour par semaine (souvent le lundi ou le mardi).

l'appareil photo *m*

l'audio-guide *m*

le bus touristique

la cathédrale

le château

la galerie d'art

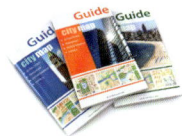
le guide

**le guide touristique /
la guide touristique**

le jardin public

le monument

le musée

l'office de tourisme *m*

le plan

**le touriste /
la touriste**

la visite guidée

EN SOIRÉE

Pour en savoir plus sur les événements et les lieux festifs de la ville où vous vous trouvez, adressez-vous à l'office de tourisme. Vous pouvez aussi demander des conseils sur les bars et les clubs aux habitants de la ville.

VOUS POUVEZ DIRE...

Qu'est-ce qu'on peut faire le soir ?

Qu'est-ce qu'il y a au cinéma / théâtre ?

Où sont les meilleurs bars / meilleures boîtes ?

Vous voulez aller boire un verre ?

Vous voulez aller voir un film / spectacle ?

Est-ce qu'il y a des places pour... ?

Deux places dans l'orchestre / au balcon, s'il vous plaît.

Ça commence à quelle heure ?

Je me suis bien amusé.

VOUS POUVEZ ENTENDRE...

Il y a / Il n'y a pas une super vie nocturne par ici.

Mon bar préféré / Ma boîte préférée, c'est...

On va boire un verre / au théâtre.

Il y a un film / spectacle que j'aimerais voir.

Il ne reste pas de places.

Ça commence à 19h.

Veuillez éteindre vos téléphones portables.

Vous avez passé une bonne soirée ?

VOCABULAIRE

un verre	le film	regarder un film
la vie nocturne	rencontrer des gens	aller danser
la fête	s'amuser	commander à manger / à boire
le spectacle	sortir	

LE SAVIEZ-VOUS ?

En France, beaucoup de bars et de restaurants ont une terrasse, le lieu idéal pour observer les passants. Les serveurs n'aiment pas toujours que les clients déplacent les tables et les chaises ; si vous voulez changer la disposition, il vaut donc mieux leur demander de le faire eux-mêmes.

le balcon

le ballet

le bar

la billetterie

la boîte de nuit

le carnaval

le casino

le cinéma

la comédie musicale

le concert

le festival

la fête foraine

la loge

l'opéra *m*

l'orchestre *m*

la pièce de théâtre

le restaurant

le spectacle comique

le théâtre

L'HÔTEL

La France, régulièrement numéro un des pays les plus visités au monde, propose une immense variété d'hébergements touristiques, des palaces somptueux jusqu'aux chambres d'hôte.

VOUS POUVEZ DIRE...

- Avez-vous des chambres libres ?
- C'est combien par nuit ?
- Est-ce que le petit-déjeuner est inclus ?
- Est-ce qu'il y a une taxe de séjour ?
- J'aimerais prendre / quitter ma chambre.
- Le petit-déjeuner est servi à quelle heure ?
- J'ai une réservation.
- J'aimerais réserver une chambre simple / double.
- À quelle heure dois-je partir ?
- J'ai besoin de serviettes propres / de savon dans ma chambre.
- Je suis dans la chambre...
- J'ai perdu la clé.
- Je voudrais faire une réclamation.

VOUS POUVEZ ENTENDRE...

- Nous avons des chambres libres.
- Nous sommes complets.
- Le petit-déjeuner est / n'est pas inclus.
- Le petit-déjeuner est servi à...
- Pouvez-vous me donner votre numéro de chambre ?
- Votre réservation, s'il vous plaît.
- Vous pouvez arriver à partir de...
- Vous devez partir avant...

LE SAVIEZ-VOUS ?

Quand vous arriverez à votre hôtel, on vous demandera peut-être de remplir une fiche individuelle de police et de donner votre numéro de passeport.

VOCABULAIRE

- la pension complète
- la demi-pension
- le room service
- le réveil par téléphone
- le numéro de chambre
- la clé
- par personne et par nuit
- régler sa note

LES ENDROITS OÙ LOGER

la chambre d'hôte

le gîte

l'hôtel *m*

GÉNÉRAL

le bagagiste / la bagagiste

la carte magnétique

la chambre à deux lits

la chambre pour une personne

la chambre pour deux personnes

le coffre-fort

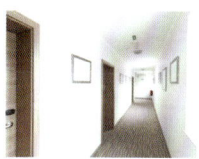

le couloir

le minibar

le panneau "ne pas déranger"

les produits de toilette *mpl*

la réception

le réceptionniste / la réceptionniste

LE CAMPING

Il y a de très nombreux campings dans toute la France, ainsi que des possibilités de camping sauvage ou dans des jardins privés. Vérifiez avant de partir les interdictions locales et nationales.

VOUS POUVEZ DIRE...

- Est-ce que je peux camper ici ?
- Avez-vous des emplacements libres ?
- J'aimerais réserver pour... nuits.
- C'est combien par nuit ?
- Où est le bloc sanitaire ?
- Est-ce que l'eau est potable ?

VOUS POUVEZ ENTENDRE...

- Vous pouvez / ne pouvez pas monter votre tente ici.
- Nous avons des / Nous n'avons pas d'emplacements libres.
- C'est... par nuit.
- Les toilettes / sanitaires sont...
- L'eau est / n'est pas potable.

VOCABULAIRE

- la colonie de vacances
- l'emplacement *m*
- le campeur / la campeuse
- le caravanier / la caravanière
- camper
- monter une tente
- démonter une tente
- partir en caravane

LE SAVIEZ-VOUS ?

Si vous prévoyez de partir en France avec une caravane, n'oubliez pas que les péages d'autoroute sont plus chers que pour les voitures.

les allumettes *fpl*

le bloc sanitaire

le branchement électrique

le camping-car

le camping

la caravane

la glacière

la lampe torche

le matelas pneumatique

le réchaud à gaz

le sac de couchage

la tente

LA PLAGE

La France possède un littoral de 3 500 km de long environ. Très varié, il passe des falaises rocheuses aux plages de sable fin. La côte sud-ouest attire les surfeurs, tandis qu'au sud-est, sur la Côte d'Azur, on trouve des villes balnéaires parmi les plus célèbres de France.

VOUS POUVEZ DIRE...

Est-ce qu'il y a une plage agréable près d'ici ?

La baignade est-elle autorisée ?

Est-ce que l'eau est froide ?

Est-ce qu'on peut louer... ?

À l'aide ! Au secours !

VOUS POUVEZ ENTENDRE...

C'est une plage publique / privée.

La baignade est autorisée / interdite.

La baignade est / n'est pas surveillée.

L'eau est bonne / froide / gelée !

VOCABULAIRE

« Baignade interdite »

la zone de baignade

le poste de secours

le bronzage

prendre un bain de soleil

nager

LE SAVIEZ-VOUS ?

Les plages publiques sont souvent surveillées. Des drapeaux indiquent l'état de la mer pour la baignade :
Vert – baignade surveillée et absence de danger
Jaune – baignade dangereuse mais surveillée
Rouge – baignade interdite

GÉNÉRAL

les algues *fpl*

le ballon de plage

le brise-vent

la cabine de plage

le chapeau

le château de sable

les coquillages *mpl*

la crème solaire

le front de mer

les lunettes de soleil *fpl*

le maillot de bain

le (maillot) deux-pièces

le maillot une-pièce

le masque et le tuba

les palmes *fpl*

le seau et la pelle

le transat

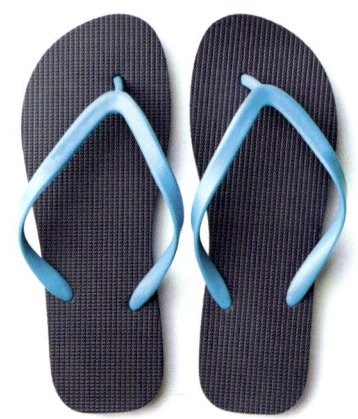

les tongs *fpl*

LE BORD DE MER

le sable   la mer   les vagues *fpl*   le parasol

le transat

la serviette de plage

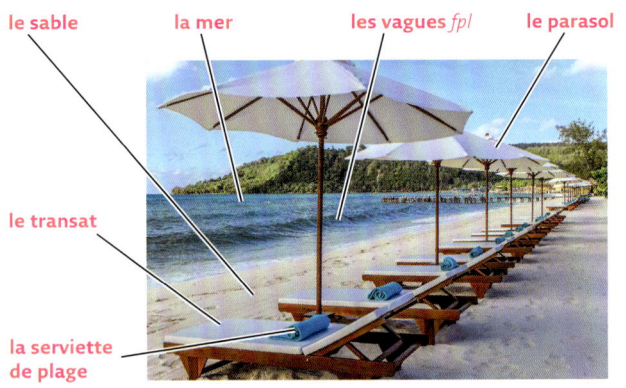

LA MUSIQUE

VOUS POUVEZ DIRE…

J'aime écouter de la musique.

J'apprends à jouer du / de la…

Quel genre de musique écoutez-vous ?

Est-ce qu'il y a des concerts ici ?

VOUS POUVEZ ENTENDRE…

J'aime / Je n'aime pas…

Mon groupe préféré, c'est…

Il y a une bonne scène musicale ici.

VOCABULAIRE

la chanson	la pop	jouer d'un instrument
l'album *m*	le rock	chanter
le groupe	le hip hop	écouter de la musique
le concert	le rap	
l'auteur compositeur interprète / l'auteure compositrice interprète	classique	aller à des concerts
	folk	écouter de la musique en streaming
le DJ / la DJ	électronique	

LE SAVIEZ-VOUS ?

Le 21 juin est la date de la Fête de la Musique, un événement né en France en 1981 et aujourd'hui célébré dans le monde entier. De nombreux concerts et événements musicaux gratuits se déroulent alors dans tout le pays.

LE MATÉRIEL

la barre de son

le casque

le CD

le disque vinyle

les écouteurs *mpl*

l'enceinte Bluetooth® *f*

les haut-parleurs *mpl*

le micro

la platine

LES INSTRUMENTS DE MUSIQUE

l'accordéon *m*

la caisse claire

la clarinette

le clavier

la contrebasse

les cymbales *fpl*

la flûte

la grosse caisse

la guitare acoustique

la guitare basse

la guitare électrique

l'harmonica *m*

la harpe

le piano

le saxophone

le trombone

la trompette

le tuba

le violon

le violoncelle

le xylophone

GÉNÉRAL

le chanteur /
la chanteuse

le chef d'orchestre /
la chef d'orchestre

la chorale

le musicien /
la musicienne

l'orchestre *m*

la partition

LA PHOTOGRAPHIE

VOUS POUVEZ DIRE...

Je peux prendre des photos ici ?

Où est-ce que je peux imprimer mes photos ?

VOUS POUVEZ ENTENDRE...

Les photos ne sont pas autorisées.

Souriez !

VOCABULAIRE

le photographe / la photographe

la photo

l'album photo *m*

le selfie

la perche à selfie

le filtre

prendre une photo / un selfie

télécharger une photo

zoomer

l'appareil photo compact *m*

l'appareil photo reflex numérique *m*

la carte SD

le drone

l'objectif photo *m*

le trépied

LES JEUX

Les bars à jeux de société, où on se retrouve autour d'un verre et d'un plateau de jeu, sont l'occasion rêvée de pratiquer et d'améliorer votre français !

VOUS POUVEZ DIRE / ENTENDRE...

À quoi voulez-vous jouer ?

C'est à toi.

Quelles sont les règles ?

J'ai gagné !

VOCABULAIRE

le joueur / la joueuse

les mots croisés *mpl*

compter les points

la partie

jouer

gagner

jeter les dés

perdre

LE SAVIEZ-VOUS ?

La pétanque est une variante du jeu de boules qui se pratiquait à l'origine en Provence.

LES JEUX

le casque

le casque de réalité virtuelle

la console de jeux

le jeu vidéo

le joystick

la manette de jeu

GÉNÉRAL

le backgammon

le bowling

les cartes *fpl*

les dames *fpl*

le dé

les dominos *mpl*

les échecs *mpl*

les fléchettes *fpl*

le jeu de plateau

la pétanque

les pions *mpl*

le puzzle

LES LOISIRS CRÉATIFS

Depuis quelques années les Français s'intéressent de plus en plus aux travaux manuels, et on voit apparaître dans tout le pays des « salons des loisirs créatifs ». Les vacances à thème autour de la peinture sont elles aussi de plus en plus recherchées.

VOCABULAIRE

l'exposition-vente d'artisanat *f*

l'artiste *m* / l'artiste *f*

l'amateur *m* / l'amatrice *f*

le couturier / la couturière

peindre

dessiner

être créatif / créative

LOISIRS CRÉATIFS DIVERS

la broderie

la création en papier

la menuiserie

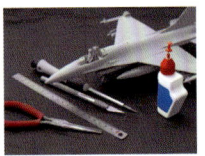
le modélisme

les objets artisanaux *mpl*

la poterie

coudre

fabriquer des bijoux

tricoter

LE MATÉRIEL D'ART

le carnet de croquis

le chevalet

les couleurs pour aquarelle *fpl*

le crayon

l'encre *f*

la palette

le papier

les pastels *mpl*

la peinture à l'huile

le pinceau

le stylo

la toile

LES ACCESSOIRES DE COUTURE ET DE TRICOT

les aiguilles à tricoter *fpl*

la boîte à couture

les boutons *mpl*

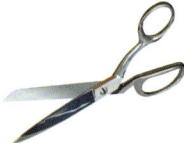
les ciseaux de couture *mpl*

le crochet

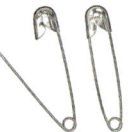
l'épingle à nourrice *f*

les épingles *fpl*

du fil et une aiguille

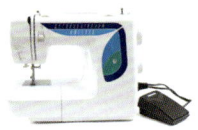
la machine à coudre

le mètre ruban

la pelote de laine

le tissu

LE SPORT

Que ce soit dans le domaine du rugby, du cyclisme ou du ski, la France a une riche histoire sportive. Elle compte des centaines de clubs de sport et de remise en forme, ainsi que beaucoup d'événements sportifs, que vous soyez joueur ou spectateur. Voici le vocabulaire indispensable pour pratiquer un sport, aller en salle de sport... ou tout simplement discuter de la forme des Bleus.

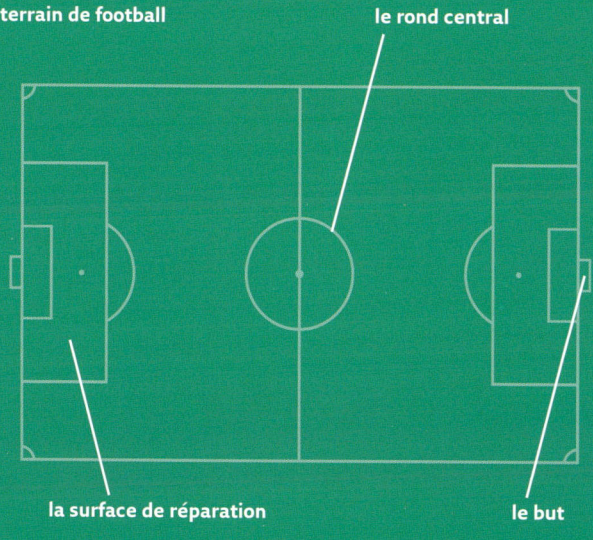

le terrain de football

le rond central

la surface de réparation

le but

L'ESSENTIEL

VOUS POUVEZ DIRE…

J'aime être actif.
Où se trouve… ?
Où est le / la… le / la plus proche ?
Je m'entraîne… fois par semaine.
Je joue au rugby / volley.
Je voudrais réserver…

VOUS POUVEZ ENTENDRE…

Il y a… près d'ici.
Est-ce que vous faites du sport ?
Où / Quand vous entraînez-vous ?
Est-ce que vous suivez le foot / le rugby ?
Quelle est votre équipe préférée ?
Je suis un fan de…

VOCABULAIRE

le tournoi

la compétition

la ligue

le champion / la championne

le concurrent / la concurrente

le directeur sportif / la directrice sportive

le match

les points *mpl*

s'entraîner

participer

marquer

gagner

perdre

faire match nul

l'arbitre *m* / l'arbitre *f*

le centre sportif

le coéquipier / la coéquipière

l'entraîneur *m* /
l'entraîneuse *f*

l'équipe *f*

le match nul

la médaille

l'officiel *m* /
l'officielle *f*

le podium

les spectateurs *mpl*

le sportif /
la sportive

le stade

le tableau des scores

la tribune

le trophée

LE BIEN-ÊTRE

VOUS POUVEZ DIRE...

J'aimerais m'inscrire à la salle de sport.

J'aimerais m'inscrire à un cours.

Je pourrais avoir le programme des cours ?

VOUS POUVEZ ENTENDRE...

Est-ce que vous êtes membre ici ?

Voulez-vous vous inscrire à un bilan sportif ?

Vous voulez réserver pour quelle heure ?

VOCABULAIRE

la salle de sport

l'entraîneur personnel *m* / l'entraîneuse personnelle *f*

le cours de remise en forme

faire du sport

se maintenir en forme

aller courir

aller à la salle de sport

EXERCISES

les abdominaux *mpl*

la course

le Pilates

les pompes *fpl*

le spinning

le yoga

LA SALLE DE SPORT

le ballon de gym

le banc de musculation

le casier

la corde à sauter

les douches *fpl*

l'haltère *m*

le kettlebell

le rameur

le tapis roulant

le vélo d'appartement

le vélo elliptique

le vestiaire

LE FOOTBALL

Le football (ou « foot ») est le sport le plus pratiqué en France. L'équipe nationale (« les Bleus ») a remporté plusieurs fois la Coupe du monde et le championnat d'Europe.

VOUS POUVEZ DIRE…

Quel est le score ?

Faute !

VOUS POUVEZ ENTENDRE…

Le score est de…

Allez !

VOCABULAIRE

le défenseur / la défenseure

l'attaquant *m* / l'attaquante *f*

le remplaçant / la remplaçante

le coup d'envoi

la mi-temps

la fin du match

le coup franc

hors jeu

le penalty

jouer au foot

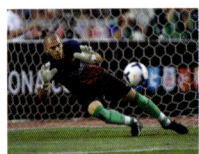

l'arrêt *m*

le ballon de foot

le but

le carton jaune / rouge

les chaussures de foot *fpl*

le coup de tête

le footballeur /
la footballeuse

les gants de gardien de but *mpl*

le gardien de but /
la gardienne de but

le juge de ligne /
la juge de ligne

le match de football

le penalty

les protège-tibias *mpl*

le sifflet

le terrain de football

donner un coup de pied

marquer un but

tacler

LE RUGBY

Bien qu'il soit pratiqué dans tout le pays, le rugby est particulièrement répandu dans le sud-ouest de la France. Le rugby à quinze est plus connu que le rugby à treize.

VOCABULAIRE

le rugby à treize / quinze

l'avant *m* / l'avant *f*

l'arrière *m* / l'arrière *f*

la transformation

la pénalité

le drop

la passe

le casque

jouer au rugby

plaquer

marquer un essai

le ballon de rugby

l'essai *m*

le joueur de rugby / la joueuse de rugby

la mêlée

les poteaux de rugby *mpl*

le protège-dents

le rugby

le rugby fauteuil

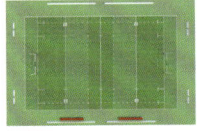
le terrain de rugby

LE BASKET-BALL

Depuis quelques dizaines d'années, les Français s'intéressent de plus en plus au basket-ball (ou « basket »). La France est aujourd'hui l'un des pays qui produisent le plus de joueurs de la NBA américaine.

VOCABULAIRE

le tir en course	attraper	contrer
le lancer franc	lancer	marquer l'adversaire
jouer au basket	dribbler	marquer un panier

le ballon de basket-ball

le basketteur / la basketteuse

le basket fauteuil

les chaussures de basket *fpl*

le dunk

le match de basket

le panier

le panneau

le terrain

LES SPORTS DE RAQUETTE

VOCABULAIRE

l'ace *m*	jeu, set et match	jouer au badminton / squash
la faute	le simple	frapper
le filet	le double	servir
l'échange *m*	jouer au tennis	

GÉNÉRAL

le coup droit

le revers

le service

LE BADMINTON

le badminton

la raquette de badminton

le volant

LE SQUASH

la balle de squash

la raquette de squash

le squash

LE TENNIS

l'arbitre *m* /
l'arbitre *f*

la balle de tennis

la chaise de l'arbitre

le court de tennis

le joueur de tennis /
la joueuse de tennis

le juge de ligne /
la juge de ligne

le ramasseur
de balles / la
ramasseuse de balles

la raquette de tennis

le tennis

LES SPORTS NAUTIQUES

VOUS POUVEZ DIRE...

J'adore la natation.

Je ne suis pas un bon nageur.

Est-ce que je peux louer... ?

VOUS POUVEZ ENTENDRE...

Vous pouvez louer...

Vous devez porter un gilet de sauvetage.

L'eau est profonde / peu profonde.

VOCABULAIRE

la natation

la brasse

le dos crawlé

le crawl

le papillon

la longueur

la leçon de natation

la plongée

le surfeur / la surfeuse

nager

plonger

surfer

pagayer

ramer

naviguer

faire des longueurs

faire de la planche à voile

LA PISCINE

le bonnet de bain

les brassards *mpl*

le couloir

les lunettes de piscine *fpl*

le maillot de bain

le maillot une-pièce

le maître nageur / la maîtresse nageuse

le nageur / la nageuse

les palmes *fpl*

la piscine

le plongeoir

le plongeur / la plongeuse

LA MER, LES LACS ET LES RIVIÈRES

les avirons *mpl*

le bodyboard

le canoë

la combinaison de plongée

le gilet de sauvetage

le jet-ski®

le kayak

le paddle

la pagaie

la planche à voile

la planche de surf

la plongée (avec masque et tuba)

la plongée sous-marine

le ski nautique

le surf

LES SPORTS D'HIVER

Avec les Alpes à l'est, les Pyrénées au sud et le Massif Central au milieu, vous ne manquerez pas d'occasions de pratiquer les sports d'hiver en France.

VOUS POUVEZ DIRE...

- Est-ce que je peux louer des skis ?
- J'aimerais prendre des cours de ski.
- Je ne skie pas très bien.
- Quelles sont les conditions de ski ?
- Je suis tombé.
- Je me suis fait mal.
- À l'aide !

VOUS POUVEZ ENTENDRE...

- Vous pouvez louer des skis ici.
- Vous pouvez vous inscrire aux cours de ski ici.
- Est-ce que vous avez déjà skié ?
- La piste est ouverte / fermée aujourd'hui.
- Les conditions sont bonnes / mauvaises.
- Il y a un risque d'avalanche.
- Faites attention.

VOCABULAIRE

- la station de sports d'hiver
- le skieur / la skieuse
- le moniteur de ski / la monitrice de ski
- le secours en montagne
- la neige
- la poudreuse
- la glace
- skier
- faire du hors-piste
- faire du snowboard
- faire de la luge
- faire du patin à glace
- faire de l'alpinisme

LE SAVIEZ-VOUS ?

Bien qu'il y ait assez peu d'interdictions de skier en France, il vaut mieux se faire accompagner par un guide si on veut faire du hors-piste. Pour ceux qui veulent essayer le hors-piste, il existe aussi des écoles de ski dans beaucoup de stations.

GÉNÉRAL

la corde

les crampons *mpl*

la luge

le patinage

les patins à glace *mpl*

le piolet

LE SKI ET LE SNOWBOARD

les bâtons de ski *mpl*

l'avalanche *f*

le casque

les chaussures de ski *fpl*

les chaussures de snowboard *fpl*

la combinaison de ski

les gants de ski *mpl*

les lunettes de ski *fpl*

la piste

la planche de snowboard

le remonte-pente

la salopette de ski

les skis *mpl*

le télésiège

la veste de ski

LES SPORTS DE COMBAT

Le judo est l'art martial le plus pratiqué en France, avec des milliers de clubs dans tout le pays. Les judokas français figurent régulièrement sur le podium des jeux Olympiques et des compétitions internationales.

VOCABULAIRE

le combat

le judoka / la judoka

le boxeur / la boxeuse

le combattant / la combattante

l'adversaire *m* / l'adversaire *f*

le coup de poing

le K.-O.

les arts martiaux *mpl*

boxer

faire de la lutte

donner un coup de poing

donner un coup de pied

frapper

s'entraîner

GÉNÉRAL

la ceinture

le fleuret

le kimono de judo

LA BOXE

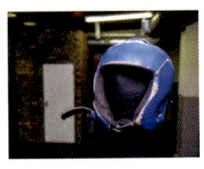

le casque

les chaussures de boxe *fpl*

les gants de boxe *mpl*

le protège-dents

le ring

le sac de frappe

AUTRES SPORTS DE COMBAT

l'escrime *f*

le judo

le karaté

le kick boxing

la lutte

le taekwondo

L'ATHLÉTISME

VOCABULAIRE

la course
le marathon
le pistolet de départ
le faux départ
le coureur / la coureuse
le départ
la ligne d'arrivée
l'éliminatoire *f*
la finale
le sprint
le triple saut
l'heptathlon *m*
le décathlon
l'athlétisme en salle *m*
faire de l'athlétisme
courir
s'entraîner
sauter
lancer

LE SAVIEZ-VOUS ?

L'olympisme moderne a eu pour chef de file un Français, le baron Pierre de Coubertin. C'est lui qui a fondé le Comité International Olympique, dont il a été le deuxième président.

l'athlète *m* / l'athlète *f*

les chaussures à pointes *fpl*

le chronomètre

le couloir

la course de relais

le disque

la haie

le javelot

le lancer du poids

la piste

le pistolet de départ

le saut à la perche

le saut en hauteur

le saut en longueur

les starting-blocks *mpl*

LE GOLF

VOCABULAIRE

le joueur de golf /
la joueuse de golf

le golfeur /
la golfeuse

le terrain de golf

le fairway

le green

le trou

le trou en un

le handicap

le swing

au-dessus /
au-dessous du par

jouer au golf

la balle de golf

le bunker

le caddie

le club de golf

le pavillon

le putter

le sac de golf

le tee

la voiturette de golf

LES AUTRES SPORTS

le baseball

la course automobile

la course de motos

les courses hippiques *fpl*

le cricket

le cyclisme sur piste

l'escalade *f*

le football américain

la gymnastique

l'haltérophilie *f*

le handball

le hockey sur gazon

le hockey sur glace

la pétanque

le saut d'obstacles

le skateboard

le tennis de table

le tir

le tir à l'arc

le volley

le water-polo

LA SANTÉ

Il est important de souscrire une assurance santé adaptée pour la durée de votre séjour en France. Pour les vacanciers, une assurance voyage est indiquée. Pour ceux qui vivent en France, les soins de santé sont financés par des cotisations obligatoires et assurés par un double système public et privé d'hôpitaux, de médecins et d'autres professionnels de santé.

la trousse de secours

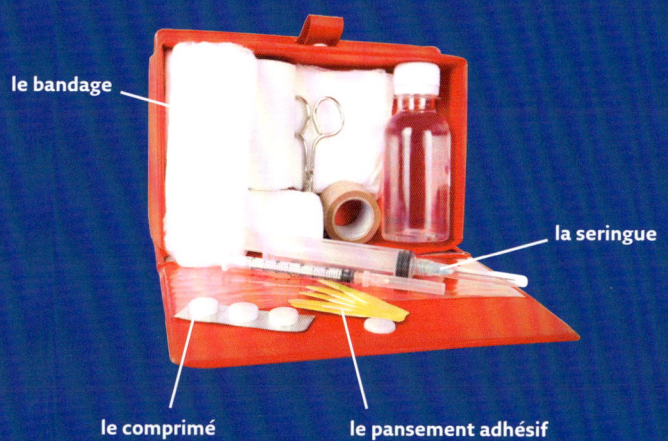

- le bandage
- la seringue
- le comprimé
- le pansement adhésif

L'ESSENTIEL

En France, les numéros d'urgence à connaître sont : le 15 pour le Samu (aide médicale d'urgence), le 17 pour la police ou les gendarmes, le 18 pour les pompiers (incendies et accidents). En cas de doute, composez le 112. Ce numéro européen fonctionne depuis n'importe quel téléphone, y compris les portables, et vous mettra en contact avec le service d'urgence le plus adapté.

VOUS POUVEZ DIRE...

Je ne me sens pas bien.

Je me suis fait mal à...

Je vais vomir.

Je dois voir un médecin.

Il faut que j'aille à l'hôpital.

Appelez les secours.

VOUS POUVEZ ENTENDRE...

Quel est le problème ?

Où avez-vous mal ?

Qu'est-ce qui s'est passé ?

Depuis combien de temps avez-vous mal ?

LE SAVIEZ-VOUS ?

La Carte Vitale est une carte de sécurité sociale obligatoire pour les personnes de plus de 16 ans vivant en France. La demande se fait différemment selon la durée de résidence et la situation professionnelle. Si vous voulez demander une Carte Vitale, renseignez-vous sur les documents à fournir et la marche à suivre.

VOCABULAIRE

l'ambulancier *m* / l'ambulancière *f*

la douleur

la maladie

le symptôme

la santé mentale

le traitement

l'assurance maladie *f*

avoir mal

être malade

guérir

s'occuper de

traiter

LES SERVICES D'URGENCE

l'ambulance *f*

la voiture de police

la voiture de pompiers

GÉNÉRAL

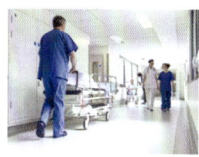
l'hôpital *m*

l'infirmier *m* / l'infirmière *f*

le médecin / la médecin

les médicaments *mpl*

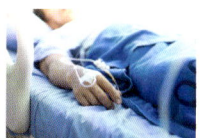
le patient / la patiente

la pharmacie

le pharmacien / la pharmacienne

le secouriste / la secouriste

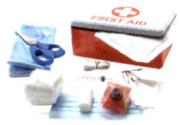
la trousse de secours

LE CORPS

VOCABULAIRE

la gorge	l'IMC *m*	sentir
l'aisselle *f*	l'ouïe *f*	entendre
les organes génitaux *mpl*	la vue	toucher
le sein	l'odorat *m*	s'asseoir
la tempe	le goût	se lever
la peau	le toucher	marcher
la taille	l'équilibre *m*	perdre l'équilibre
le poids	voir	tomber

LE SAVIEZ-VOUS ?

En français, on n'emploie pas l'adjectif possessif (*mon, sa, leurs*) pour parler des parties du corps après un verbe d'action. On emploie un verbe pronominal, par exemple « Je me suis lavé les mains ».

LA MAIN

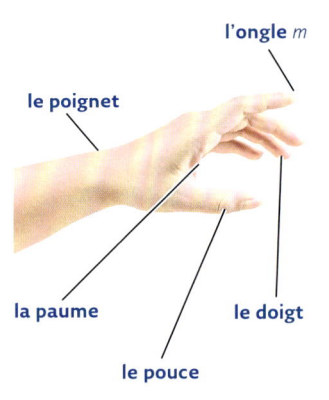

- l'ongle *m*
- le poignet
- la paume
- le doigt
- le pouce

LE PIED

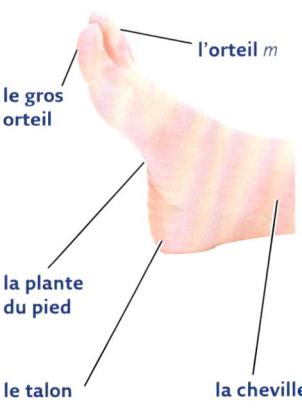

- l'orteil *m*
- le gros orteil
- la plante du pied
- le talon
- la cheville

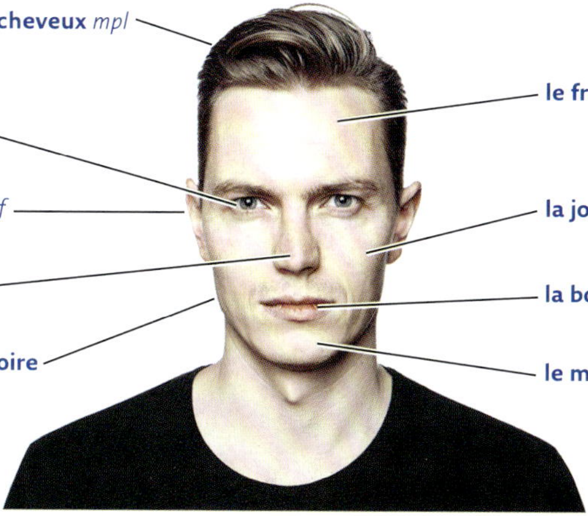

LE VISAGE

- les cheveux *mpl*
- le front
- l'œil *m*
- l'oreille *f*
- la joue
- le nez
- la bouche
- la mâchoire
- le menton

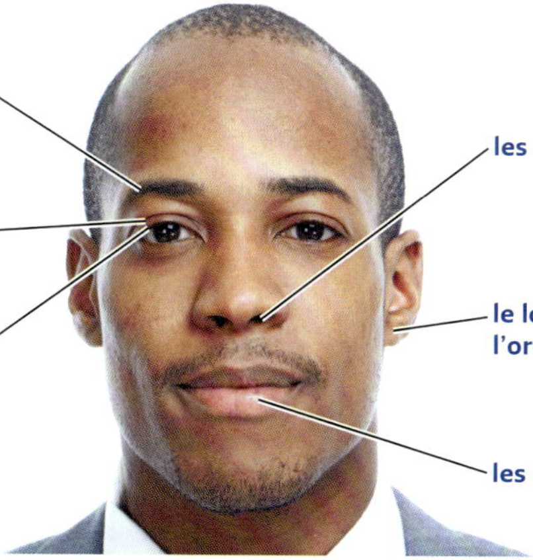

- le sourcil
- les narines *fpl*
- la paupière
- le lobe de l'oreille
- le cil
- les lèvres *fpl*

LE CORPS – DE FACE

- la tête
- le cou
- la poitrine
- l'abdomen *m*
- la cuisse
- le genou
- le tibia
- le visage
- le bras
- la main
- la jambe
- le pied

LE CORPS – DE DOS

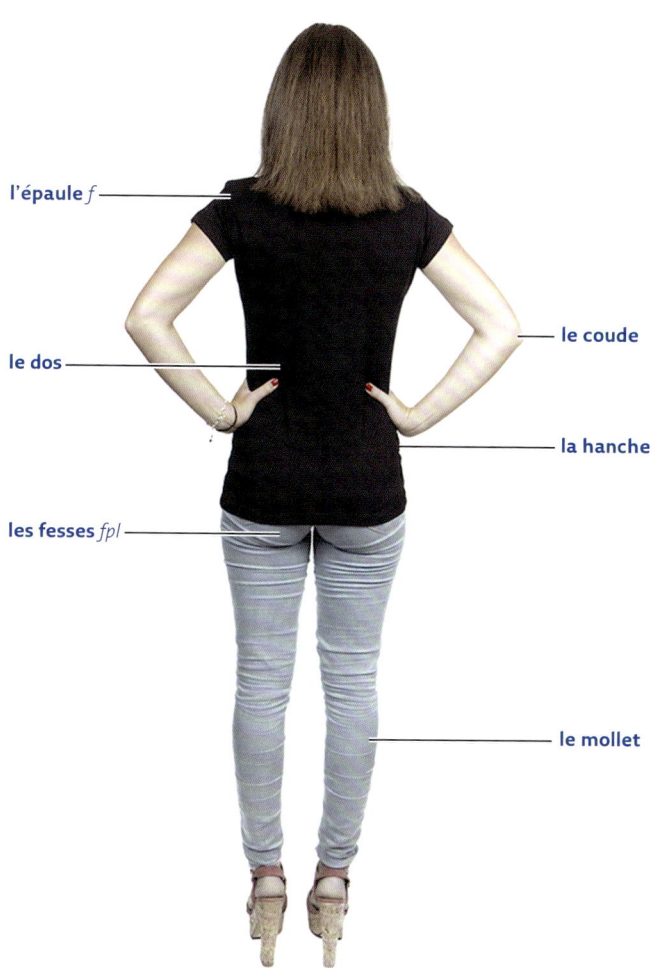

À L'INTÉRIEUR DU CORPS

VOCABULAIRE

le squelette	l'articulation *f*	le ligament
l'organe *m*	l'os *m*	la cellule
le système digestif	le muscle	l'artère *f*
le système respiratoire	le nerf	la veine
le sang	le tendon	l'oxygène *m*
	le tissu	

LES ORGANES INTERNES

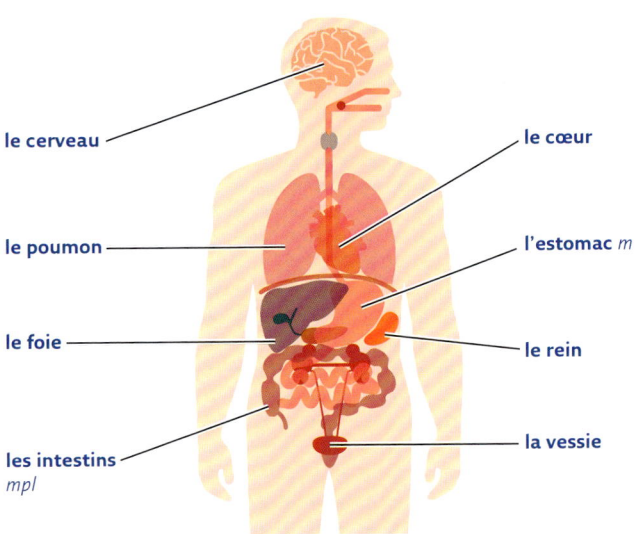

- le cerveau
- le cœur
- le poumon
- l'estomac *m*
- le foie
- le rein
- les intestins *mpl*
- la vessie

LE SQUELETTE

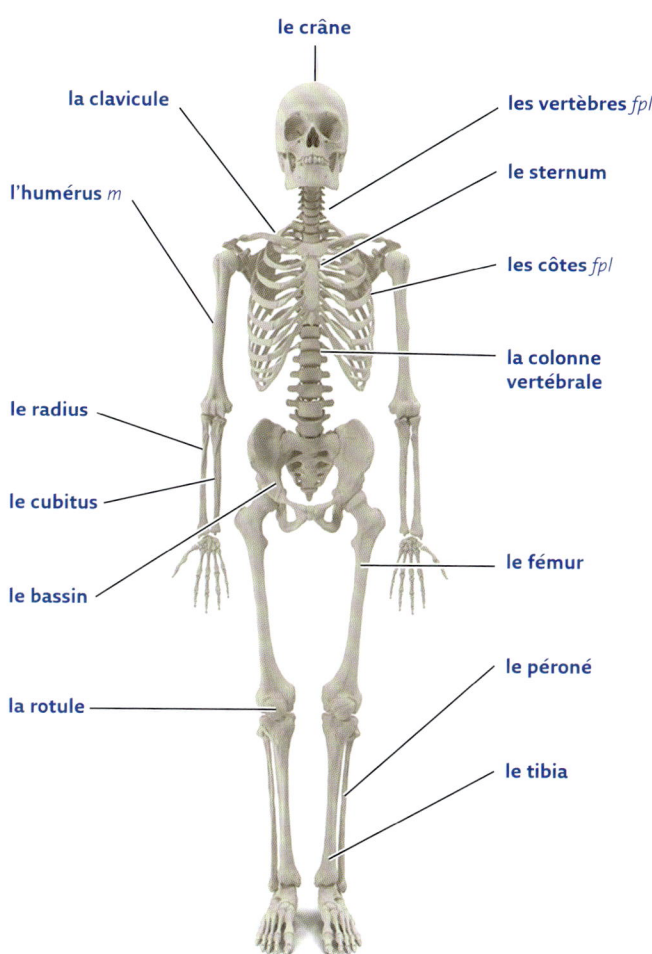

LE CABINET MÉDICAL

Lors d'un rendez-vous médical, vous devrez donner votre numéro de sécurité sociale ou d'assurance. Si vous ne les avez pas sur vous, vous pouvez remplir une feuille de soins au cabinet.

VOUS POUVEZ DIRE...

Je voudrais prendre rendez-vous.

J'ai rendez-vous avec le docteur...

Je suis allergique au / à la...

Je prends des médicaments pour...

Je ne me sens pas bien.

Ça fait mal.

VOUS POUVEZ ENTENDRE...

Le médecin / L'infirmier va vous appeler.

Quels sont vos symptômes ?

Je peux vous examiner ?

Dites-moi si ça fait mal.

Est-ce que vous êtes allergique ?

Prenez-vous des médicaments ?

Prenez deux cachets deux fois par jour.

Vous devriez voir un spécialiste.

VOCABULAIRE

le rendez-vous	les antibiotiques *mpl*	le médicament
les horaires de consultation *mpl*	le somnifère	prendre rendez-vous
l'examen médical *m*	l'ordonnance *f*	examiner
l'analyse *f*	la visite à domicile	être sous traitement

le médecin généraliste / la médecin généraliste

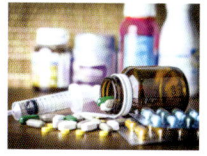
les médicaments *mpl*

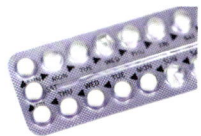
la pilule

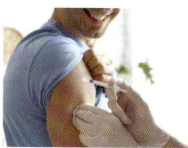
la piqûre

la salle d'attente

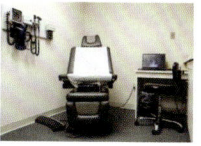
la salle d'examen

le secrétaire médical / la secrétaire médicale

la seringue

le stéthoscope

la table d'examen

le tensiomètre

le thermomètre

LE CABINET DENTAIRE

VOUS POUVEZ DIRE...

Est-ce que je peux avoir une consultation d'urgence ?

J'ai mal aux dents.

J'ai un abcès.

Mon plombage a sauté.

Je me suis cassé une dent.

Mon dentier s'est cassé.

Mes gencives saignent.

VOUS POUVEZ ENTENDRE...

Le dentiste ne peut pas vous voir en urgence.

Vous avez besoin d'un nouveau plombage.

Malheureusement, on doit vous arracher une dent.

Vous devez prendre un autre rendez-vous.

VOCABULAIRE

l'examen dentaire *m*

la molaire

l'incisive *f*

la canine

les dents de sagesse *fpl*

le plombage

la couronne

la carie

l'extraction *f*

la rage de dents

l'abcès *m*

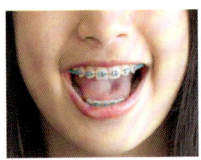

l'appareil dentaire *m*

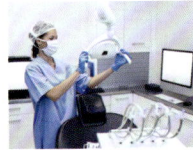

l'assistant dentaire *m* / l'assistante dentaire *f*

le bain de bouche

la brosse à dents   **le dentier**   **le dentifrice**

 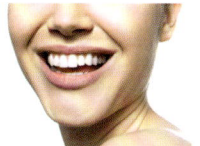 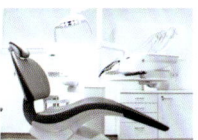

le dentiste / la dentiste   **les dents** *fpl*   **le fauteuil de dentiste**

  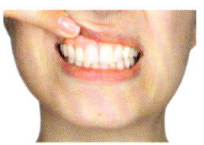

le fil dentaire   **la fraise dentaire**   **les gencives** *fpl*

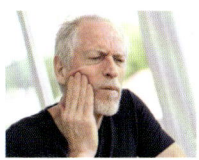  

avoir mal aux dents   **se brosser les dents**   **se passer du fil dentaire entre les dents**

L'OPTICIEN

En France, l'examen de la vue est le plus souvent effectué par un ophtalmologue. Il peut délivrer une ordonnance de lunettes ou de verres de contact que le client apporte ensuite à son opticien.

VOUS POUVEZ DIRE…

- Est-ce que je peux prendre rendez-vous ?
- Mes yeux sont secs.
- J'ai mal aux yeux.
- Faites-vous les réparations de lunettes ?

VOUS POUVEZ ENTENDRE…

- Votre rendez-vous est à…
- Regardez en haut / en bas / devant vous.
- Vous avez une vision parfaite.
- Vous avez besoin de lunettes de lecture.

VOCABULAIRE

- les lunettes de lecture *fpl*
- les lunettes à double / triple foyer *fpl*
- les lentilles de contact souples / rigides *fpl*
- les verres *mpl*
- la conjonctivite
- la cataracte
- myope
- presbyte
- hypermétrope
- malvoyant(e)
- aveugle
- daltonien(ne)
- porter des lunettes
- porter des lentilles de contact

le chien d'aveugle

le collyre

l'étui à lunettes *m*

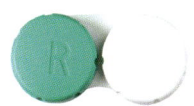
l'étui pour lentilles de contact *m*

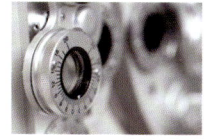
l'examen de la vue *m*

les lentilles de contact *fpl*

les lunettes *fpl*

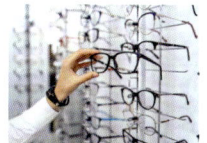
la monture

l'ophtalmologue *m* / l'ophtalmologue *f*

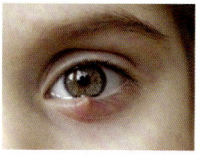
l'orgelet *m*

l'opticien *m* / l'opticienne *f*

le tableau d'acuité visuelle

L'HÔPITAL

VOUS POUVEZ DIRE…	VOUS POUVEZ ENTENDRE…
Il / Elle est dans quelle salle ?	Il / Elle est dans la salle…
Quelles sont les heures de visite ?	Les heures de visite sont de… à…

VOCABULAIRE

l'hôpital *m*

la clinique

le kinésithérapeute / la kinésithérapeute

le radiologue / la radiologue

le chirurgien / la chirurgienne

l'infirmier *m* / l'infirmière *f*

le scanner

le diagnostic

subir une intervention

se faire opérer

LE SAVIEZ-VOUS ?

En France, il existe à la fois des hôpitaux publics et privés. Beaucoup d'hôpitaux privés, ou « cliniques », travaillent aussi pour le système de santé public. Par conséquent, la sécurité sociale et une assurance maladie privée devraient suffire à couvrir la plupart des frais.

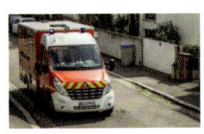

l'ambulance *f*

les béquilles *fpl*

le chariot roulant

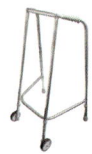

le déambulateur

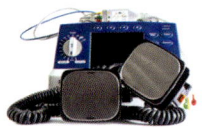

le défibrillateur

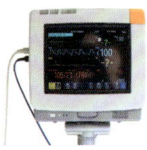

l'écran de contrôle *m*

le fauteuil roulant

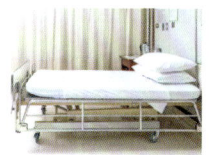
le lit d'hôpital

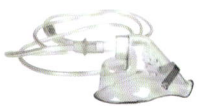
le masque à oxygène

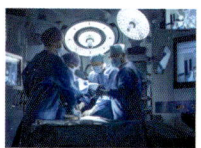
l'opération *f*

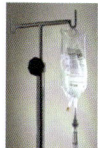
la perfusion

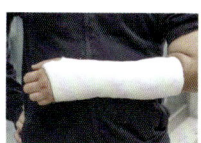
le plâtre

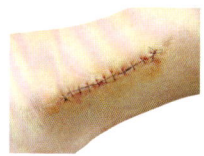
les points de suture *mpl*

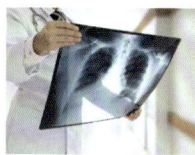
la radio

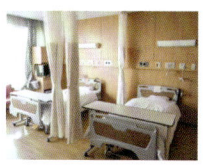
la salle d'hôpital

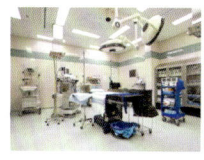
la salle d'opération

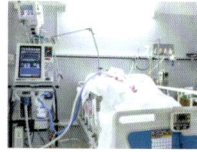
les soins intensifs *mpl*

les urgences *fpl*

LES ACCIDENTS

VOUS POUVEZ DIRE...

Pouvez-vous appeler les secours ?

J'ai eu un accident.

Je me suis fait mal à...

Je me suis cassé / foulé...

Je me suis coupé / brûlé.

Je me suis cogné la tête.

VOUS POUVEZ ENTENDRE...

Vous sentez-vous faible ?

Avez-vous envie de vomir ?

J'appelle les secours.

Où avez-vous mal ?

Dites-moi ce qui s'est passé.

VOCABULAIRE

l'accident *m*

le pouls

la commotion

la chute

la foulure

le coup du lapin

les premiers secours *mpl*

la RCP

être inconscient(e)

se blesser

tomber

se casser le bras

se tordre la cheville

LE SAVIEZ-VOUS ?

En France, les déplacements en ambulance doivent être prescrits par un médecin ; sinon c'est le malade qui doit payer. Il est également possible de demander un « véhicule sanitaire léger » pour se rendre aux rendez-vous médicaux non urgents.

GÉNÉRAL

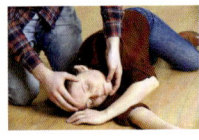

mettre quelqu'un en position latérale de sécurité

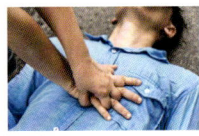

pratiquer la RCP

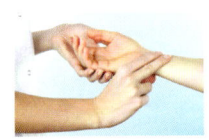

prendre le pouls de quelqu'un

LES BLESSURES

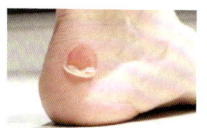
l'ampoule *f*

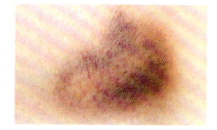
le bleu

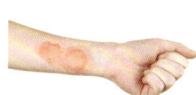
la brûlure

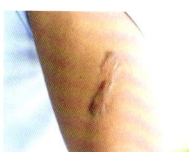
la cicatrice

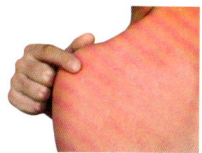
le coup de soleil

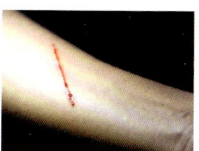
la coupure

le déboîtement

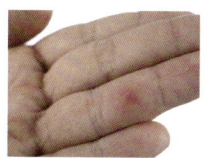
l'écharde *f*

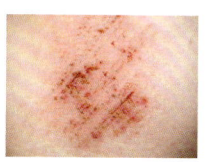
l'éraflure *f*

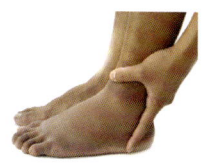
l'enflure *f*

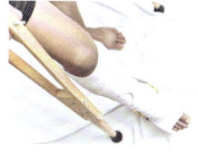
la fracture

la piqûre

LES PREMIERS SECOURS

 l'antiseptique *m*

 le bandage

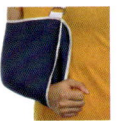 l'écharpe *f*

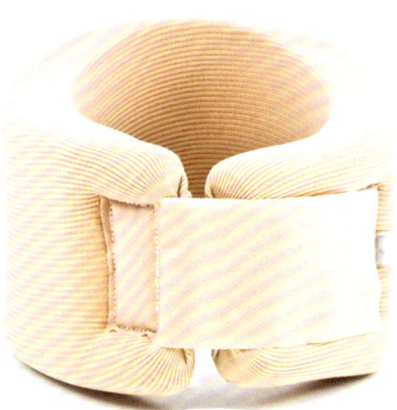 la minerve

 le pansement

 le pansement adhésif

 la pince à épiler

 la poche de glace

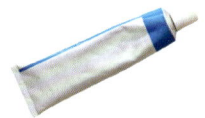 la pommade

LA MALADIE

VOUS POUVEZ DIRE...

J'ai un rhume / la grippe.

J'ai mal au ventre.

Je vais vomir.

Je suis asthmatique / diabétique.

VOUS POUVEZ ENTENDRE...

Vous devriez aller chez le médecin.

Vous avez besoin de repos.

Avez-vous besoin de quelque chose ?

VOCABULAIRE

la crise cardiaque

l'attaque *f*

l'infection *f*

l'otite *f*

le virus

la gastroentérite

l'intoxication alimentaire *f*

les vomissements *mpl*

la nausée

la diarrhée

la constipation

le diabète

l'épilepsie *f*

l'asthme *m*

le vertige

l'inhalateur *m*

l'insuline *f*

les douleurs menstruelles *fpl*

faire de l'hypertension / l'hypotension

s'évanouir

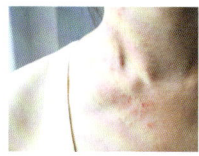

l'éruption cutanée *f*

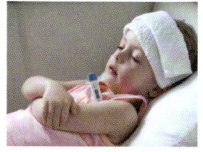

la fièvre

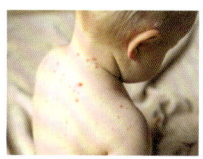

la varicelle

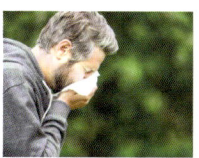

éternuer

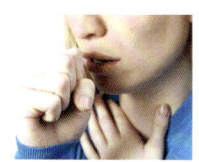

tousser

vomir

LA GROSSESSE

Si vous prévoyez d'accoucher en France, vous aurez un gynécologue attitré qui vous suivra tout au long de la grossesse et vous conseillera sur les maternités et les sages-femmes. Si vous voyagez pendant votre grossesse, n'oubliez pas de souscrire une assurance voyage adaptée.

VOUS POUVEZ DIRE…

Je suis enceinte (de six mois).

Ma compagne / femme est enceinte.

J'ai / Elle a des contractions toutes les… minutes.

J'ai / Elle a perdu les eaux.

Je veux une péridurale.

VOUS POUVEZ ENTENDRE…

Vous êtes enceinte de combien de mois ?

De combien vos contractions sont-elles espacées ?

Je peux vous examiner ?

Poussez !

VOCABULAIRE

le fœtus	l'accouchement *m*	être en travail
l'utérus *m*	la césarienne	accoucher
le col de l'utérus	la fausse couche	faire une fausse couche
le travail	la date d'accouchement	allaiter
le gaz analgésique	tomber enceinte	
le projet de naissance		

LE SAVIEZ-VOUS ?

En France, on considère que le terme normal d'une grossesse est de 40 semaines + 6 jours. La plupart des parents souhaitent connaître le sexe de leur enfant avant la naissance ; si vous préférez ne pas savoir, dites-le à votre gynécologue ou votre sage-femme !

le bracelet d'identification

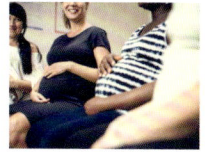
le cours de préparation à l'accouchement

la couveuse

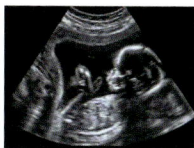
l'échographie f

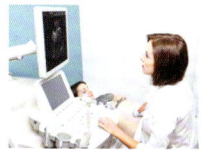
l'échographiste m / **l'échographiste** f

la femme enceinte

la nausée matinale

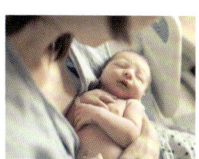
le nouveau-né / la nouveau-née

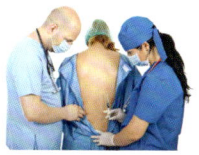
la péridurale

le sage-femme / la sage-femme

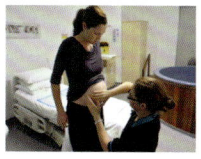
la salle d'accouchement

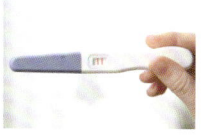
le test de grossesse

LES MÉDECINES ALTERNATIVES

Les médecines alternatives sont appréciées des Français, mais ne sont pas toutes remboursées par la sécurité sociale. Il est donc conseillé de vérifier quels traitements sont remboursables.

VOCABULAIRE

le thérapeute / **la thérapeute**	**l'acupuncteur** *m* **/** **l'acupunctrice** *f*	**l'homéopathe** *m* **/** **l'homéopathe** *f*
le masseur / **la masseuse**	**le réflexologue /** **la réflexologue**	**les vitamines** *fpl*
le chiropracteur *m* **/** **la chiropractrice** *f*	**le phytothérapeute /** **la phytothérapeute**	**masser** **méditer**

LE SAVIEZ-VOUS ?

En France, l'homéopathie est assez largement acceptée. On trouve toute une gamme de remèdes homéopathiques dans beaucoup de pharmacies.

GÉNÉRAL

le hammam

l'homéopathie *f*

l'huile essentielle *f*

la méditation

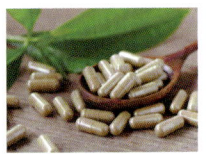

la phytothérapie

le sauna

LES THÉRAPIES

l'acupuncture *f*

la chiropraxie

l'hypnothérapie *f*

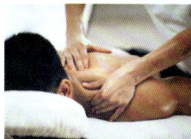

le massage

la médecine traditionnelle chinoise

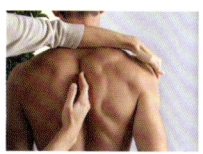

l'ostéopathie *f*

la réflexologie

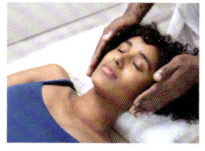

le reiki

la thalassothérapie

LE VÉTÉRINAIRE

Si vous comptez emmener votre animal de compagnie en France, il doit être vacciné contre la rage et porter une puce électronique. Il doit également avoir son propre passeport.

VOUS POUVEZ DIRE...

Mon chien est blessé.

Mon chat est malade.

VOUS POUVEZ ENTENDRE...

Quel est le problème ?

Est-ce que votre chien est pucé ?

VOCABULAIRE

l'animal de compagnie *m*

la tique

le passeport pour animal de compagnie

la quarantaine

le tatouage

vacciner

traiter contre les vers

pucer

stériliser

euthanasier

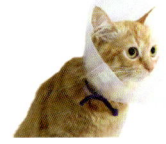

la collerette

le collier antipuces

le panier de transport

la puce

la vaccination

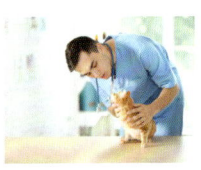

le vétérinaire / la vétérinaire

LA NATURE

La variété de ses paysages, souvent spectaculaires, hauts en couleur et riches en espèces vivantes, font de la France le lieu idéal pour les amateurs de nature. Le pays est sillonné par plus de 100 000 km de sentiers qui permettent aux marcheurs de découvrir la campagne à leur rythme. On trouve de nombreuses réserves naturelles et de parcs naturels marins, aussi bien en France métropolitaine qu'en outre-mer.

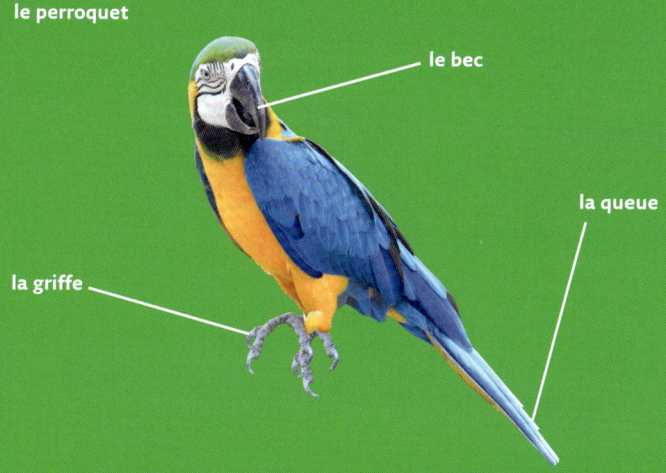

le perroquet

le bec

la queue

la griffe

L'ESSENTIEL

VOCABULAIRE

l'animal *m*
l'oiseau *m*
le poisson
le zoo
la réserve naturelle

la fourrure
la laine
le museau
aboyer
ronronner

grogner
chanter
bourdonner
rugir

l'aile *f*

le bec

la corne

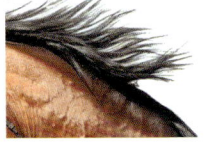

la crinière

la griffe

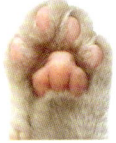

la patte

la plume

la queue

le sabot

LES ANIMAUX ET LES OISEAUX DOMESTIQUES

Les propriétaires d'animaux de compagnie sont particulièrement nombreux en France. Les tarifs des hôtels prévoient souvent un supplément pour les animaux, et les restaurants accueillent volontiers les petits chiens.

VOUS POUVEZ DIRE...

Avez-vous des animaux de compagnie ?

Est-ce que je peux emmener mon animal ?

VOUS POUVEZ ENTENDRE...

Je n'ai pas d'animal de compagnie.

Je suis allergique aux poils d'animaux.

Les animaux ne sont pas autorisés.

VOCABULAIRE

l'agriculteur *m* / l'agricultrice *f*

la ferme

le propriétaire / la propriétaire

la grange

le foin

la paille

la prairie

le troupeau

promener le chien

élever

LES BÉBÉS ANIMAUX

l'agneau *m*

le chaton

le chiot

le poulain

le poussin

le veau

LES ANIMAUX DE COMPAGNIE

le canari

le chat

le chien

le cochon d'Inde

le furet

le hamster

le lapin

le perroquet

la perruche

le poisson rouge

le poney

le rat

LES ANIMAUX DE LA FERME

l'âne *m*

le canard

le cheval

la chèvre

le chien de berger

le cochon

le dindon

le mouton

l'oie *f*

le poulet

le taureau

la vache

GÉNÉRAL

l'aquarium *m*

le bac à litière

la cage

la chatière

le clapier

le collier

l'écurie *f*

la laisse

la muselière

la niche

la nourriture pour animaux

le panier pour chien

LES AMPHIBIENS ET LES REPTILES

l'alligator *m*

le crapaud

le crocodile

le gecko

la grenouille

l'iguane *m*

le lézard

la salamandre

le serpent

la tortue

la tortue marine

le triton

LES MAMMIFÈRES

le blaireau

le cerf

la chauve-souris

l'écureuil *m*

le hérisson

le lièvre

le loup

la loutre

le renard

le sanglier

la souris

la taupe

AUTRES MAMMIFÈRES COMMUNS

le chameau

le chimpanzé

l'éléphant *m*

la girafe

le gorille

l'hippopotame *m*

le kangourou

le lion

l'ours *m*

le rhinocéros

le singe

le tigre

LES OISEAUX

l'aigle *m*

l'alouette *f*

l'autruche *f*

la chouette

la cigogne

la colombe

le corbeau

le cygne

le faucon

le flamant rose

la grive

la grue

le héron

le macareux

le manchot

le martin-pêcheur

le merle

le moineau

la mouette

le paon

le pélican

le pigeon

le pinson

le rouge-gorge

LES PETITES BÊTES

VOCABULAIRE

l'essaim *m*

la colonie

la toile d'araignée

la piqûre d'insecte

bourdonner

piquer

l'abeille *f*

l'araignée *f*

le cafard

la chenille

le cloporte

la coccinelle

l'éphémère *f*

l'escargot *m*

la fourmi

le grillon

la guêpe

la libellule

la limace

le mille-pattes

la mouche

le moustique

le papillon

le papillon de nuit

la sauterelle

le scarabée

le ver de terre

LES ANIMAUX MARINS

l'anguille *f*

la baleine

le corail

le crabe

le dauphin

l'étoile de mer *f*

le homard

la méduse

l'orque *f*

l'oursin *m*

le phoque

le requin

LES FLEURS, LES PLANTES ET LES ARBRES

la branche   **le bulbe**   **la feuille**

les graines *fpl*   **le pétale**   **le tronc**

LES FLEURS

le bouton-d'or   **le chrysanthème**   **le coquelicot**

l'iris *m*   **la jacinthe**   **la jonquille**

le lys

le muguet

l'œillet *m*

l'orchidée *f*

la pâquerette

la pensée

la rose

le tournesol

la tulipe

LES PLANTES ET LES ARBRES

le champignon

le chêne

le cyprès

la lavande

le lierre

le lilas

le marronnier

la mousse

l'olivier *m*

le peuplier

le pin

le platane

le sapin

le saule

la vigne

LA TERRE, LA MER ET LE CIEL

VOCABULAIRE

le paysage

la terre

la boue

l'eau *f*

l'estuaire *m*

l'air *m*

l'atmosphère *f*

rural(e)

urbain(e)

polaire

alpin(e)

tropical(e)

LA TERRE

les broussailles *fpl*

la cascade

la colline

le désert

la forêt

le glacier

la grotte

le lac

le marais

la mare

la montagne

la prairie

la rivière

les rochers *mpl*

le ruisseau

les terres cultivées *fpl*

la vallée

le volcan

LA MER

la côte

les dunes *fpl*

la falaise

l'île *f*

la péninsule

le récif coralien

LE CIEL

l'arc-en-ciel *m*

l'aurore boréale *f*

la comète

le coucher de soleil

les étoiles *fpl*

le lever du soleil

la lune

les nuages *mpl*

le soleil

LES FÊTES

C'est la fête ! On aime tous se retrouver et faire la fête, peu importe l'occasion. En France, une fête implique souvent de la bonne cuisine, la présence de ses proches et parfois même une coupe de champagne. En plus des fêtes bien connues, il existe également en France une grande richesse de traditions associées aux nombreux jours fériés et festivals de l'année.

le costume

la plume

le masque

L'ESSENTIEL

VOUS POUVEZ DIRE / ENTENDRE...

Félicitations !	Mes meilleurs vœux.
Bravo !	Merci.
(À votre) santé !	C'est très gentil de votre part.
Joyeux anniversaire !	À vous aussi !
Bon anniversaire de mariage !	

VOCABULAIRE

l'occasion *f*

l'anniversaire *m*

le mariage

l'anniversaire de mariage *m*

le jour férié

la fête religieuse

la célébration

la fête surprise

la bonne / mauvaise nouvelle

fêter

faire une fête

porter un toast

LE SAVIEZ-VOUS ?

En France, en plus de fêter l'anniversaire d'une personne, il est courant de lui souhaiter sa fête le jour du saint ou de la sainte qui porte le même nom.

les ballons *mpl*

les banderoles *fpl*

la boîte de chocolats

le bouquet de fleurs

le cadeau

le champagne

les confettis *mpl*

la fête foraine

les feux d'artifice *mpl*

le gâteau

la guirlande

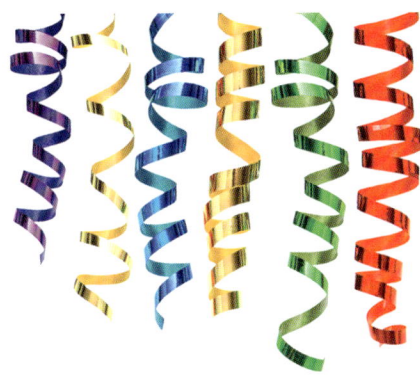
les serpentins *mpl*

LES JOURS DE FÊTE

Il y a 11 jours fériés officiels par an en France. Ils ne sont pas repoussés automatiquement lorsqu'ils tombent un week-end mais il est courant de poser un jour de congé le vendredi ou le lundi si le jour férié tombe un jeudi ou un mardi. Ça s'appelle « faire le pont ».

VOUS POUVEZ DIRE / ENTENDRE...

- Est-ce que c'est férié aujourd'hui ?
- Qu'est-ce que vous fêtez aujourd'hui ?
- Je vous souhaite...
- À vous aussi !
- Quels sont vos projets pour les fêtes ?

- Joyeux Noël !
- Bonne année !
- Joyeuses Pâques !
- Aïd Moubarak !
- Bonnes fêtes !
- Poisson d'avril !

VOCABULAIRE

- la fête des mères
- la fête des pères
- le premier avril
- le premier mai
- la Saint-Valentin
- le premier jour d'école
- le déménagement
- obtenir son permis de conduire
- trouver un travail
- avoir un bébé

LE SAVIEZ-VOUS ?

La fête nationale est célébrée le 14 juillet pour marquer la prise de la Bastille en 1789, un événement qui a lancé la Révolution française. Les festivités se déroulent le 13 ou 14 juillet, avec des bals et des feux d'artifice organisés dans la plupart des villes et villages. Le matin du 14 juillet, un grand défilé militaire a lieu à Paris.

LES ÉVÉNEMENTS DE LA VIE

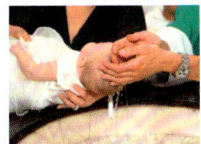
le baptême

la bar-/bat-mitsva

l'enterrement *m*

la fête prénatale

les fiançailles *fpl*

le mariage

la naissance

la remise des diplômes

la retraite

LES AUTRES FÊTES

l'Aïd-el-Fitr *m*

Dipavali *f*

Halloween *f*

Hanoukka *f*

Holi *f*

le Mardi gras

le Nouvel An chinois

la Pâque juive

Pâques *fpl*

le 14 juillet

le ramadan

la Toussaint

NOËL ET LE NOUVEL AN

En France, Noël est souvent célébré le 24 et le 25 décembre. De nombreuses familles dînent ensemble juste après la messe de minuit le jour du réveillon de Noël. Au menu, on trouve traditionnellement des huîtres, du foie gras et de la dinde rôtie.

VOCABULAIRE

le réveillon de Noël

le jour de Noël

le réveillon du Nouvel An

la Saint-Sylvestre

le jour de l'An

les boules de Noël *fpl*

la bûche de Noël

la couronne

la crèche de Noël

le gui

les guirlandes lumineuses *fpl*

les illuminations de Noël *fpl*

le marché de Noël

le père Noël

le sapin de Noël

LE CARNAVAL

Les carnavals sont organisés dans toute la France pour célébrer le mardi gras, juste avant le carême. Le carnaval le plus connu est celui de Nice, considéré comme le plus vieux en son genre.

l'artiste de rue *m* /
l'artiste de rue *f*

le char

la coiffure

le costume

l'effigie *f*

la galette des Rois

le maquillage

le masque

la parade

LE SAVIEZ-VOUS ?

La saison des carnavals commence avec l'Épiphanie, où l'on mange la galette des Rois, pour célébrer les trois Rois mages venus voir Jésus. La galette est souvent fourrée à la frangipane, une pâte d'amande sucrée, et contient une fève. La personne qui trouve la fève est désignée roi ou reine et doit coiffer une couronne en carton. Cela s'appelle «tirer les rois».

INDEX

abdomen 194
abdominaux 168
abeille 226
abri de jardin 62
Abribus® 29
abricot 77
accessoires de mode 101
ACCIDENTS 206
accordéon 156
acupuncture 213
addition 121
aéroport 38
agence de voyages 109
agence immobilière 109
agneau 217
agrafeuse 130
Aïd-el-Fitr 240
aigle 224
aiglefin 82
aiguilles à tricoter 164
ail 79
aile 20, 216
airbag 26
aire de jeux 137
À LA MAISON 43
alarme 47
algues 152
alimentation 101
aliments pour bébés 95
allée 48, 71
alligator 221
allumage 21
allumettes 150
alouette 224
ambulance 191, 204
AMPHIBIENS ET REPTILES 221
amphithéâtre 129
ampoule 47, 207
ananas 77
ancre 41
âne 219
anguille 228
animalerie 109
ANIMAUX ET OISEAUX DOMESTIQUES 217
ANIMAUX MARINS 228

anneau de dentition 96
antenne 48
antigel 26
antiseptique 208
antivol 30
appareil dentaire 200
appareil photo 142
appareil photo compact 159
appareil photo reflex numérique 159
applique 51
appuie-tête 21
après-shampooing 93
aquarium 220
araignée 226
arbitre 166, 175
arbuste 64
arc-en-ciel 234
arête 81
argent liquide 69
armoire 59
arrêt 170
arrêt de bus 29
arrosoir 62
artichaut 79
artiste de rue 242
ascenseur 49, 100
asperges 79
assiette 57
assistant dentaire 200
assistante dentaire 200
athlète 184
ATHLÉTISME 184
aubergine 79
audio-guide 142
aurore boréale 234
autoroute 22
AUTRES MAGASINS 109
AUTRES SPORTS 187
autruche 224
avalanche 180
avion 38
avirons 177
baba au rhum 86, 119
bac à litière 220
backgammon 161
badminton 174
bagage à main 39

bagages en cabine 38
bagagiste 148
baguette 86, 113
baignoire 61
baignoire pour bébé 96
bain de bouche 93, 200
balai 65
balance 71
balcon 43, 145
baleine 228
balle de golf 186
balle de squash 174
balle de tennis 175
ballet 145
ballon de basket-ball 173
ballon de foot 170
ballon de gym 169
ballon de plage 152
ballon de rugby 172
ballons 236
banane 67, 77
banc de musculation 169
bandage 91, 189, 208
bande dessinée 98
banderole 236
BANQUE 133
baptême 239
bar 82, 121, 145
barbier 109
bar-mitsvah 239
barque 42
barre de son 156
barre transversale 31
baseball 187
basket fauteuil 178
BASKET-BALL 173
baskets 106
basketteur 173
basketteuse 173
bassin 197
BATEAUX DIVERS 42
bat-mitsva 239
bâtons de ski 180
batterie 19
batteur 52
baume à lèvres 94
bavoir 95
bec 215, 216
beignet 86
béquilles 204
betterave rouge 79

beurre 90, 113
biberon 95
bibliothèque 50, 129, 137
bidet 61
BIEN-ÊTRE 10, 168
bière 74
bijouterie 109
bijoux 105
billet 17
billets de banque 69, 134
billetterie 145
binette 62
biscuits 72
bitte d'amarrage 41
blaireau 222
blanc 7
blanc de poulet 84
blanche 7
bleu 27
bleu(e) 7
bloc-notes 130
bloc sanitaire 150
blouson de cuir 32
bocal 71
body 95
bodyboard 177
bœuf bourguignon 118
boisson gazeuse 74
BOISSONS 74
boîte 71, 136
boîte à couture 164
boîte à fusibles 47
boîte à gants 21
boîte aux lettres 49, 136
boîte de chocolats 236
boîte de nuit 145
bol 57
bonbons 74
bonnet 105
bonnet de bain 176
bord du trottoir 22
borne d'urgence 26
bottes 32, 176
bottes en caoutchouc 62
bouche 193
BOUCHERIE 84
boucles d'oreille 105
boudoir 95
bouée 41

bouée de sauvetage 41
bouillabaisse 118
bouillon 116
BOULANGERIE-PÂTISSERIE 86
bouquet de fleurs 237
bouteille 71
boutique de mode 109
boutique de téléphonie 109
boutique hors taxes 38
bouton 126
bouton-d'or 229
boutons 164
bowling 161
bracelet 105
bracelet d'identification 211
branche 229
branchement électrique 150
bras 194
brassards 176
bricolage 141
brie 88
brioche 86
brique 71
brise-vent 152
brocante 109
brochette 124
brocoli 79
broderie 162
brosse à cheveux 94
brosse à dents 93, 201
brosse de toilettes 60
brouette 62
broussailles 232
brûlure 207
bûche de Noël 241
buffet 50
bulbe 229
bunker 186
BUREAU 130
bureau 130
bureau de change 134
burin 107
BUS 28
bus 29

bus touristique 142
but 165, 170
cabillaud 82
cabine 38
cabine de plage 153
CABINET DENTAIRE 200
CABINET MÉDICAL 198
câbles de démarrage 26
caddie 186
cadeau 237
cadre 31
cafard 226
café 113, 121, 137
café au lait 113
café instantané 72
cafétéria 129
cafetière à piston 52
cage 220
cahier 128
caisse 69
caisse claire 156
calamar 83
calculatrice 131
caleçon 103
camembert 88
caméra pour casque 32
CAMPING 150
camping 151
camping-car 19, 151
campus 129
canal 41
canapé 51
canard 219
canari 218
canoë 42, 177
canot pneumatique 42
cantal 88
cantine 128
capot 20
car 29
carafe d'eau 121
caravane 151
CARNAVAL 242
carnaval 145
carnet 98
carnet de chèques 134
carnet de croquis 163
carotte 79
carottes râpées 116
carreaux 107
carrefour 22
carrelage 55
cartable 128

carte 17, 98, 121
carte à gratter 98
carte d'embarquement 38
carte de crédit 69, 134
carte de paiement 69, 134
carte de visite 131
carte de vœux 98
carte magnétique 148
carte postale 98, 136
carte SD 159
carte SIM 126
cartes 161
carton jaune 170
carton rouge 170
cartouche d'encre 131
cascade 232
caserne de pompiers 137
casier 169
casino 145
casque 30, 32, 156, 160, 180, 182
casque de réalité virtuelle 160
casquette 105
casserole 52
cassis 77
cassoulet 118
cathédrale 137, 143
caviste 109
CD 156
ceinture 105, 182
ceinture de sécurité 21
céleri en branches 79
centre commercial 69
centre sportif 166
céréales 113
cerf 222
cerise 77
cerveau 196
chaîne 31
chaîne de fast-food 123
chaînes à neige 26
chaise 121
chaise de l'arbitre 175
chaise haute 96
CHAMBRE 58
chambre à deux lits 148

chambre d'enfant 58
chambre d'hôte 148
chambre pour deux personnes 149
chambre pour une personne 149
chameau 223
champagne 237
champignon 79, 230
chanteur 158
chanteuse 158
chapeau 153
char 242
charcuterie 116
chargeur 126
chariot 72
chariot à bagages 38
chariot roulant 204
chat 218
château 143
château de sable 153
chatière 220
chaton 217
chaudière 47
chaussettes 103
chaussons de bébé 95
chaussures 101
chaussures à lacets 106
chaussures à pointes 184
chaussures de basket 173
chaussures de boxe 182
chaussures de foot 170
chaussures de ski 181
chaussures de snowboard 181
chauve-souris 222
chef d'orchestre 158
chef de train 34
chemin 64
cheminée 48, 51
chemise 103, 131
chemisier 103
chêne 230
chenille 226
cheval 219
chevalet 163
cheveux 193
cheville 192
chèvre 219
chien 21
chien d'aveugle 202
chien de berger 219

chimpanzé 223
chiot 217
chips 74
chiropraxie 213
chocolat 74
chocolat chaud 113
chorale 158
chou à la crème 86
chou de Bruxelles 79
chou vert 79
chou-fleur 79
chronomètre 184
chrysanthème 229
cicatrice 207
cigare 98
cigarette 98
cigarette électronique 98
cigogne 224
cil 193
cinéma 145
ciseaux 101
ciseaux de couture 164
citron 77
clapier 220
clarinette 156
classeur 131
classeur à anneaux 131
clavicule 197
clavier 126, 157
clé 49
clé à molette 107
clé plate 107
clé USB 131
clignotant 20
climatisation 47
cloporte 226
clous 107
club de golf 186
coccinelle 226
cochon 219
cochon d'Inde 218
cockpit 15, 38
cocotte 52
coéquipier 166
coéquipière 166
cœur 196
coffre 20
coffre-fort 134, 149
coffret 98
coiffeuse 58
coiffure 242
colis 136
collants 103
collerette 214
collier 105, 220
collier antipuces 214

colline 232
collision 26
collyre 202
colombe 224
colonne vertébrale 197
combinaison de plongée 178
combinaison de ski 181
combi-pilote 95
comédie musicale 145
comète 234
commissariat 137
commode 59
COMMUNICATION ET INFORMATIQUE 125
compartiment à bagages 38
compost 62
composteur de billets 34
comprimé 91, 189
compteur 47
compteur de vitesse 21
comptoir 85
comté 88
concert 145
concession automobile 109
concombre 80
conducteur 17
conductrice 17
CONDUITE 17
cône de signalisation 23
confettis 237
confiserie 99
confit de canard 118
confiture 72, 114
conserve 72
consigne 34
console de jeux 160
contractuel 23
contractuelle 23
contrebasse 157
contrôle de sécurité 38
coq au vin 118
coquelicot 229
coquillages 153
coquille 81
coquille Saint-Jacques 83
corail 228
corbeau 224

corbeille à courrier 131
corbeille à pain 121
corde 180
corde à linge 65
corde à sauter 169
corde de tente 139
corne 216
CORPS 192
costume 103, 235, 242
côte 233
côtelette 84
côtes 84, 197
coton hydrophile 96
coton-tige® 96
cou 194
couche 96
coucher de soleil 234
couchette 34
coude 195
couette 59
couffin 97
couleurs pour aquarelle 163
couloir 149, 176, 184
coup de soleil 207
coup de tête 170
coup droit 174
coupe-ongles 91
coupure 207
courgette 80
couronne 241
cours de préparation à l'accouchement 211
course 168
course automobile 187
course de motos 187
course de relais 184
COURSES 72
courses hippiques 187
court de tennis 175
couscous 72
coussin 51
couteau à fromage 121
couteau à poisson 122
couteau à viande 122
couteau de cuisine 52
couteau et fourchette 57
couverture 61
couveuse 211
crabe 83, 228

crampons 180
crâne 197
crapaud 221
cravate 105
crayon 99, 128, 163
crayons de couleur 128
création en papier 162
crèche de Noël 241
crème 90
crème antiseptique 92
crème brûlée 119
crème hydratante 94
crème hydratante pour bébé 96
crème pour le change 96
crème solaire 92, 153
crêpes 124
crevette 83
cric 27
cricket 187
crinière 216
crochet 164
crocodile 221
croissant 86, 114
croissant aux amandes 87
croque-monsieur 124
crudités 117
cubitus 197
cuillère 57
cuillère à café 57
cuillère en bois 52
CUISINE 52
cuisine 141
cuisine de rue 123
cuisse 194
cure-dents 122
cyclisme sur piste 187
cygne 224
cymbales 157
cyprès 230
dames 161
dauphin 228
dé 161
déambulateur 204
déboîtement 207
défibrillateur 204
dentier 201
dentifrice 93, 201
dentiste 201
dents 201
déodorant 93
dépanneuse 27

déplantoir 62
désert 232
désherbant 62
dessous de verre 56
détecteur de fumée 47
dindon 219
Dipavali 240
disque 184
disque vinyle 156
distributeur de billets 134
doigt 192
dominos 161
dorade 82
dos 195
double toit 139
douche 61
douches 169
draps 58
drone 159
dunes 233
dunk 173
eau de javel 65
eau minérale 74
écharde 207
écharpe 105, 208
échecs 161
échographie 211
échographiste 211
éclair 87
éclairage 101
écluse 41
économe 53
écouteurs 156
écran 71
écran de contrôle 204
écrevisse 83
écrous et boulons 107
écureuil 222
écurie 220
édredon 58
ÉDUCATION 127
effigie 242
église 138
égouttoir 55
électricité 107
éléphant 223
embouteillage 17
emmental 88
EN SOIRÉE 144
EN VILLE 137
EN-CAS 74
enceinte Bluetooth® 156
encre 163
enflure 207

enterrement 239
entraîneur 167
entraîneuse 167
ENTRÉE 17
enveloppe 99, 136
enveloppe à bulles 136
épaule 194
éphémère 226
épices 72
épinards 80
épingle à nourrice 164
épingles 164
époisses 88
éponge 60
équipe 167
éraflure 207
éruption cutanée 209
escabeau 108
escalade 187
escalator 100
escargot 226
escargots à la bourguignonne 118
escrime 183
essai 172
ESSENTIEL 8, 16, 44, 68, 112, 140, 166, 190, 216, 238
essuie-glace 20
essuie-mains 60
essuie-tout 54
estomac 196
étagère 51
étendoir 65
éthylotest 27
étoile de mer 228
étoiles 234
étudiant 129
étudiante 129
étui à lunettes 202
étui pour lentilles de contact 203
évier 55
examen de la vue 203
eye-liner 94
facteur 136
factrice 136
faisselle 89
falaise 233
FAMILLE ET AMIS 9
fard à joues 94
fard à paupières 94
FAST-FOOD 123
faucon 224
fauteuil 51, 59

fauteuil de dentiste 201
fauteuil pivotant 131
fauteuil roulant 205
femme enceinte 211
fémur 197
fenêtre 43, 48
fer à repasser 65
ferme 45
ferry 42
fesses 195
festival 145
fête foraine 145, 237
fête prénatale 239
FÊTES 235
feuille 76, 229
feuille de calcul 131
feux (de signalisation) 23
feux d'artifice 237
fiançailles 239
fièvre 209
fil dentaire 201
fil et aiguille 164
film alimentaire 54
fines herbes 72
flamant rose 224
flan au caramel 119
fléchettes 161
fleur de douche 60
fleuret 182
fleuriste 109
FLEURS, PLANTES ET ARBRES 229
flûte 157
flûte à champagne 57, 122
foie 196
fond de teint 94
fontaine 138
food truck 123
FOOTBALL 170
football américain 187
footballeur 171
footballeuse 171
forêt 232
fouet 53
four 55
four à micro-ondes 55
fourche 62
fourmi 226
fracture 207
fraise 77
fraise dentaire 201
framboise 77
frein 31

245

frein à main 21
frites 117, 124
fromage de chèvre 89
FROMAGERIE 88
front 193
front de mer 153
fruit de la passion 77
FRUITS 77
fruits à coque 74
FRUITS DE MER 83
fruits de mer 83
FRUITS ET LÉGUMES 76
furet 218
galerie 19
galerie d'art 143
galette des Rois 242
gant de toilette 60
gants 105
gants de boxe 182
gants de gardien de but 171
gants de jardinage 63
gants de ski 181
gants en caoutchouc 65
gants en cuir 32
garage 27, 48
gardien de but 171
gardienne de but 171
gare 34
gare routière 29
gâteau 237
gâteau au chocolat 119
gecko 221
gel douche 93
gélule 92
gencives 201
genou 194
gilet 103
gilet de sauvetage 38, 41, 178
gilet jaune 27
girafe 223
gîte 148
glace 119
glacier 232
glacière 151
GOLF 186
gomme 128
gorille 223
gouttes 92
gouttière 48
GPS 21
graines 229
GRAND MAGASIN 100

gratin 117
grenouille 221
grenouillère 95
griffe 215, 216
grillon 227
grive 224
groseille à maquereau 77
groseille rouge 77
gros orteil 192
grosse caisse 157
GROSSESSE 210
grotte 232
grue 224
guêpe 227
gui 241
guichet 34
guichet automatique 35
guichetier 134
guichetière 134
guichets d'enregistrement 38
guide 143
guide touristique 143
guidon 31
guirlande 237
guirlandes lumineuses 241
guitare acoustique 157
guitare basse 157
guitare électrique 157
gymnastique 187
haie 185
Halloween 240
haltère 169
haltérophilie 187
hamburger 124
hammam 212
hamster 218
hanche 195
handball 187
Hanoukka 240
hareng 82
haricots verts 80
harmonica 157
harpe 157
haut-parleurs 156
hélicoptère 15
hérisson 222
héron 225
HEURE 12
hippopotame 223
hockey sur gazon 187
hockey sur glace 188
Holi 240

homard 83, 228
homéopathie 212
hôpital 204
hôpital 138, 191
horaire 17
hors-bord 42
hot dog 124
HÔTEL 147
hôtel 138, 148
huile d'olive 72
huile essentielle 212
huile et vinaigre 122
huile végétale 67, 72
huître 83
humérus 197
hypnothérapie 213
iguane 221
île 234
illuminations de Noël 241
immeuble 43, 45
immeuble de bureaux 138
imperméable 103
imprimante 131
infirmier 191
infirmière 191
interphone 49
interrupteur 47
intestins 196
iris 229
jacinthe 229
jambe 194
jambon 85
JARDIN 62
jardin ouvrier 63
jardin public 143
jardinage 141
jardinerie 109
jardinier 63
jardinière 63
jauge d'essence 21
jaune 7
javelot 185
jean 103
jetée 41
jet-ski® 178
jeu de plateau 161
jeu vidéo 141, 160
JEUX 160
jogging 141
jonquille 229
joue 193
jouets 101
joueur de rugby 172
joueur de tennis 175
joueuse de rugby 172
joueuse de tennis 175

journal 99
journal de fête 238
JOURS, MOIS, SAISONS 13
joystick 160
judo 183
juge de ligne 171, 175
jupe 103
jus de fruit 74
jus d'orange 113
kangourou 223
karaté 183
kayak 42, 178
ketchup 72
kettlebell 169
kick boxing 183
kimono de judo 182
kiwi 77
lac 232
laisse 220
lait 90, 113
lait maternisé 96
laitue 80
lampe de bureau 132
lampe de chevet 59
lampe torche 151
lancer de poids 185
landau 97
lapin 218
lard 85
lardons 85
lavabo 61
lavande 231
laverie 138
lave-vaisselle 65
lecteur de cartes 70
lecteur DVD / Blu-ray® 50
lecture 141
legging 103
légumes 117
lentilles de contact 203
lettre 136
lever du soleil 234
levier de vitesse 21
lèvres 193
lézard 221
libellule 227
librairie 110
lierre 231
lièvre 222
lilas 231
limace 227
limande-sole 82
lingerie 101
lingettes humides 96
lion 223
liquide vaisselle 65

lit 59
lit d'enfant 97
lit deux personnes 58
lit d'hôpital 205
lit d'une personne 58
lit-parapluie 97
lits superposés 58
livre 99
livre de jeux 99
lobe de l'oreille 193
loge 146
LOISIRS 139
LOISIRS CRÉATIFS 162
louche 53
loup 222
loutre 222
luge 180
lune 234
lunettes 203
lunettes de piscine 177
lunettes de ski 181
lunettes de soleil 153
lutte 183
lys 230
macareux 225
macaron 87
machine à coudre 164
machine à laver 66
mâchoire 193
magasin d'alimentation bio 110
magasin d'ameublement 110
magasin d'antiquités 110
MAGASIN DE BRICOLAGE 107
magasin de chaussures 110
magasin de jouets 110
magasin d'électroménager 110
magasin de musique 110
magasin de primeurs 110
MAGASINS 67
magazine 99
maillot de bain 153, 177
(maillot) deux-pièces 104, 153

maillot une-pièce 104, 153, 177
main 194
mairie 138
MAISON 46
maison de ville 45
maître nageur 177
maîtresse nageuse 177
MALADIE 209
MAMMIFÈRES 222
manchego 89
manchot 225
manette de jeu 160
MANGER AU RESTAURANT 120
mangue 78
manteau 104
manuel 128
maquereau 82
maquillage 242
marais 232
MARCHAND DE JOURNAUX 98
marche 141
MARCHÉ 75
marché aux puces 75
marché couvert 75
marché de Noël 241
marché fermier 75
Mardi gras 240
mare 233
margarine 90
mariage 239
marmelade 73
maroquinerie 101
marronnier 231
marteau 108
martin-pêcheur 225
mascara 94
masque 235, 242
masque à oxygène 39, 205
masque et tuba 153
massage 213
match de basket 173
match de football 171
match nul 167
matelas 59
matelas pneumatique 151
mayonnaise 73
mécanicien 27
mécanicienne 27
médaille 167
médecin 191
MÉDECINES ALTERNATIVES 212

médecine traditionnelle chinoise 213
médecin généraliste 199
médicaments 92, 191, 199
méditation 212
méduse 228
mêlée 172
melon 78
MÉNAGE 65
menton 193
menuiserie 162
mer 154
meringue 119
merle 225
mètre ruban 164
métro 35
meuble de salle de bains 61
meubles 101
meubles de jardin 66
meuble télé 50
micro 156
miel 73
millefeuille 87
mille-pattes 227
mimolette 89
minerve 208
minibar 149
minibus 29
miroir 59, 61
mobile 97
mode 101
modélisme 162
moineau 225
mollet 195
monospace 19
montagne 233
montre 106
monture 203
monument 143
mosquée 138
MOTO 32
moto 31
mouche 227
mouette 225
moufles 95
moule 83
moules marinière 118
moulin à poivre 56
mousse 231
mousse à raser 63
mousse au chocolat 119
moustique 227
mouton 219
mozzarella 89

muesli 114
muguet 230
multiprise 47
mûre 78
musée 143
muselière 220
musicien 158
musicienne 158
MUSIQUE 155
musique 141
myrtille 78
NATURE 215
nausée matinale 211
nez 15, 193
niche 220
nichoir 64
nid-de-poule 23
niveau à bulle 108
NOËL ET LE NOUVEL AN 241
noir(e) 7
nouilles 73
nourriture pour animaux 220
nouveau-né 211
nouveau-née 211
Nouvel An chinois 240
noyau 76
nuages 233
objectif photo 159
objet décoratif 51
objets artisanaux 162
œil 193
œillet 230
œuf 90
œufs de poisson 81
œufs en cocotte 116
œufs mayonnaise 116
office du tourisme 143
officiel 167
officielle 167
oie 219
oignon 80
OISEAUX 224
olives 74, 116
olivier 231
omelette 124
ongle 192
opéra 146
opération 205
ophtalmologue 203

OPTICIEN 202
opticien 110, 203
opticienne 203
orange 77
orchestre 146, 158
orchidée 230
ordinateur portable 132
oreille 193
oreiller 59
orgelet 203
orque 228
orteil 192
ostéopathie 213
ours 223
oursin 83, 228
ouvre-boîtes 53
paddle 178
pagaie 178
passagère 17
paillasson 49
pain 67
pain au chocolat 87, 114
pain aux raisins 87
pain complet 87
palais des congrès 138
pale 15
palette 163
palissade 64
palmes 153, 177
palourde 83
pamplemousse 78
panier 67, 71, 173
panier à linge 58
panier de transport 214
panier pour chien 220
panneau 173
panneau de signalisation 17
panneau "ne pas déranger" 149
pansement 208
pansement adhésif 92, 189, 209
pantalon 104
pantalon de survêtement 104
pantoufles 106
paon 225
papier 129, 163
papier aluminium 54
papier peint 108
papier toilette 60
papillon 230
papillon de nuit 227
paquebot 42

Pâque juive 240
pâquerette 230
Pâques 240
parade 242
parapluie 7, 106
parasol 63, 154
parc 138
parcmètre 23
pare-brise 20
pare-chocs 20
parfum 106
parking 21
parmesan 89
paroi de douche 61
partition 158
passage à niveau 23
passage pour piétons 23
passager 17
passeport 39
passerelle 42
PASSE-TEMPS 141
passoire 53
pastels 163
pastèque 78
pastille 15
pastille lave-vaisselle 66
pâté 85, 119
pâte à tartiner 114
pâtes 73, 117
patient 191
patiente 191
patinage 180
patins à glace 180
patte 216
paume 192
paupière 193
pavillon 186
pavillon de banlieue 45
péage 23
peau 76
pêche 78
pédale 31
peigne 94
peinture 108
peinture à l'huile 163
peinture et tapisserie 107
pélican 225
pelle 63, 66
pelote de laine 164
pelouse 64
pelure 76
penalty 171
péninsule 234
pensée 230

247

pépins 76
perceuse électrique 108
père Noël 241
perforatrice 132
perfusion 205
péridurale 211
péroné 197
perroquet 215, 218
perruche 218
personnel navigant 39
pétale 229
pétanque 161, 188
PETIT-DÉJEUNER 113
PETITES BÊTES 226
petits pains 87, 114
petits pois 80
peuplier 231
phare 20
phare arrière 30
phare avant 31
PHARMACIE 91
pharmacie 191
pharmacien 191
pharmacienne 191
phoque 228
photocopieuse 132
PHOTOGRAPHIE 159
phytothérapie 212
piano 157
pièce de théâtre 146
pièces de monnaie 70
pied 194
piéton 17
piétonne 17
pigeon 225
Pilates 168
pilote 39
pilule 199
piment 80
pin 231
pince à épiler 92, 208
pinceau 108, 163
pinces à linge 66
pinson 225
piolet 180
pions 161
piquet 139
piqûre 199, 207
piscine 177
piste 39, 181, 185
pistolet de départ 185
pizza 124
placard 55
place 138

place de parking 23
place de parking pour handicapé 23
PLAGE 152
plan 143
planche à découper 53
planche à repasser 66
planche à voile 178
planche de snowboard 181
planche de surf 178
plan de travail 55
plante du pied 192
plaque chauffante 55
plaque de cuisson 53
plaque d'immatriculation 20
platane 231
plat de service 56
platine 156
plâtre 205
plats du jour 122
plomberie 107
plongée (avec masque et tuba) 178
plongée sous-marine 178
plongeoir 177
plongeur 177
plongeuse 177
plume 216, 235
pneu 20, 31
pneu à plat 27
poche de glace 208
podium 167
poêle 53
poêle à bois 47
poignet 192
points de suture 205
poire 78
poireau 80
poisson rouge 218
POISSONNERIE 81
POISSONS 82
poitrine 194
poivre 73
poivron rouge 80
pommade 208
pomme 78
pomme de terre 80, 117
pompe à essence 23
pompe à vélo 31
pompes 168
poney 218

pont 24, 41
popcorn 74
port 41
portail 48, 64
port de plaisance 41
porte-bagages 35
porte coulissante 35
porte d'embarquement 39
porte d'entrée 48
porte-fenêtre 47
portefeuille 106
portemanteau 55
porte-monnaie 106
porte-serviettes 61
porteur 35
porteuse 35
portière 20
portillon 35
POSTE 135
post-it® 132
pot de fleurs 63, 64
poteaux de rugby 172
poterie 162
poubelle 66
poubelle à pédale 54
pouce 192
poudre 94
poulain 217
poulet 219
poulpe 83
poumon 196
POUR BÉBÉ 95
poussette 97
poussin 217
prairie 233
préservatif 199
presse-purée 53
prise 47, 48
PROBLÈMES DE VOITURE 25
produits de beauté 101
produits de toilette 149
PRODUITS FRAIS ET LAITIERS 90
professeur d'université 129
professeure d'université 129
profiteroles 119
protège-dents 172, 183
protège-tibias 171
provisions 70
prune 78
puce 214

pull 104
putter 186
puzzle 161
pyjama 104
quai 35
14 juillet 240
queue 15, 215, 216
quiche 116
quiche lorraine 118
QUOTIDIEN 111
radar 24
radiateur 48
radiateur électrique 48
radio 50, 205
radio-réveil 50
radius 197
raie 82
raie meunière 118
raisin 78
ramadan 240
ramasseur de balles 175
ramasseuse de balles 175
rameur 169
râpe 53
raquette de badminton 174
raquette de squash 174
raquette de tennis 175
rasoir 93
rat 218
ratatouille 118
RAYONS 101
reblochon 89
réception 149
réceptionniste 149
réchaud à gaz 151
récif coralien 234
reçu 70
réflexologie 213
réfrigérateur-congélateur 55
règle 129
reiki 213
rein 196
relevé de compte 134
remise des diplômes 239
remonte-pente 181
renard 222
REPAS 115
repose-pied 51
répulsif à insectes 92
requin 228
restaurant 121, 146

retraite 239
rétroviseur 21
rétroviseur extérieur 20
revers 174
rhinocéros 223
rideaux 50, 59
ring 183
rivière 233
riz 73, 117
robe 104
robe de chambre 104
robinet 55, 61
robot de cuisine 53
rochers 233
rond central 165
rond-point 24
roquefort 89
rose 230
rôti 85
rotor 15
rotule 197
roue 20, 31
roue de secours 27
rouge 7
rouge à lèvres 94
rouge-gorge 225
rouleau à pâtisserie 53
rouleau à peinture 108
route 24
routeur sans fil 126
ruban adhésif 132
rue 17
RUGBY 172
rugby 172
rugby fauteuil 172
ruisseau 233
sable 154
sabot 216
sac à langer 96
sac à main 106
sac de couchage 151
sac de frappe 183
sac de golf 186
sac en papier 70
sac en plastique 70
sac poubelle 66
sac réutilisable 70
sachets de thé 73
sage-femme 211
salade composée 117
salade niçoise 116
salade verte 117
saladier 54, 56
salamandre 221
salière 56
SALLE À MANGER 56

248

salle d'accouchement 211
salle d'attente 35, 199
SALLE DE BAINS 60
salle de classe 128
salle d'examen 199
salle d'hôpital 205
salle d'opération 205
SALON 50
salon de beauté 110
salon de coiffure 110
salopette de ski 181
sandales 106
sandwich 124
sanglier 222
SANTÉ 189
sapin 231
sapin de Noël 241
sardine 82
saucière 56
saucisses 85
saucisson 85
saule 231
saumon 82
saumon fumé 116
sauna 212
saut à la perche 185
saut d'obstacles 188
saut en hauteur 185
saut en longueur 185
sauterelle 227
savon 60, 93
savon liquide 92
saxophone 157
scanner 132
scarabée 227
scie 108
seau 66
seau et pelle 154
sécateur 63
sèche-cheveux 59
sèche-linge 66
secouriste 191
secrétaire médical 199
sel 73
sel et poivre 122
selle 31
seringue 189, 199
serpent 221
serpentins 237
serpillière 66
serre 63
serveur 122
serveuse 122
service 174
serviette 57, 122

serviette de bain 60
serviette de plage 154
serviette hygiénique 93
set de table 57
shampooing 93
shopping 141
short 104
siège bébé 97
siège enfant 31
sifflet 171
singe 223
sirop contre la toux 92
skateboard 188
ski nautique 178
skis 181
slip 104
smartphone 126
soins intensifs 205
soleil 234
sonnette 31, 49
sorbet 119
soufflé 118
soupe 116
soupe à l'oignon 116
souris 126, 222
soutien-gorge 104
spatule 54
spectacle comique 146
spectateurs 167
spinning 168
spiritueux 74
SPORT 165
sport 141
sportif 167
sportive 167
SPORTS DE COMBAT 182
SPORTS DE RAQUETTE 174
SPORTS D'HIVER 179
SPORTS NAUTIQUES 176
spot 55
squash 174
stade 167
starting-blocks 185
station de lavage 24
station de métro 35
station-service 24
steak 85
steak haché 85
sternum 197
stéthoscope 199
store vénitien 50

studio 45
stylo 99, 129, 163
sucre 73
sucre glace 73
SUPERMARCHÉ 71
supermarché 70
surf 178
surface de réparation 165
sushi 124
SUV 19
sweat 105
synagogue 138
table 122
tableau 51
tableau blanc 129
tableau d'acuité visuelle 203
tableau de bord 21
tableau des départs 36, 39
tableau des scores 167
table basse 51
table de chevet 59
table de la salle à manger 57
table d'examen 199
tablette 39, 126
tablier 54
taekwondo 183
taille-crayon 129
talc 96
talon 192
talons hauts 106
tamis 54
tampon 93
tampon à récurer 66
tapis 51, 59
tapis de bain 60
tapis de sol 129
tapis de souris 126
tapis roulant 169
tarte au citron 119
tarte aux fruits 87, 119
tarte aux pommes 119
tarte flambée 118
tartine de beurre 114
tartine de confiture 114
tartine de Nutella® 114
tasse 111
tasse et soucoupe 57
taupe 227
taureau 219
taux de change 134

tee 186
télé 51
télécommande 50
téléphone 132
télésiège 181
télévision 141
TEMPS 14
tenaille 108
tennis 175
tennis de table 188
tensiomètre 199
tente 139, 151
terminal 39
terrain 173
terrain de football 165, 171
terrain de rugby 172
terrain de sport 128
terrasse 64
terrasse en bois 63
TERRE, MER ET CIEL 232
terres cultivées 233
test de grossesse 211
tête 194
tétine 97
TGV 36
thalassothérapie 213
thé 113
théâtre 146
thermomètre 199
thermostat 48
thon 82
tibia 194, 197
tigre 223
timbre 99, 136
tir 188
tir à l'arc 188
tiroir 55
tissu 164
tissus d'ameublement 101
toile 163
toilettes 61, 100
toit 20, 43, 48
toit ouvrant 19
tomate 80
tondeuse 63
tongs 154
torchon 66
torchon (à vaisselle) 54
tortue 221
tortue marine 221
tour 150
TOURISME 142
touriste 143

tournesol 230
tournevis 108
Toussaint 240
train 36
train-couchettes 36
train de marchandises 36
train de passagers 36
tram(way) 29
transat 154
TRANSPORT FERROVIAIRE 33
TRANSPORTS 15
TRAVAIL 11
treillis 64
trépied 159
triangle de présignalisation 27
tribune 167
triton 221
trombone 132, 158
trompette 158
tronc 229
trophée 167
trotteur 97
trottoir 24
trousse 129
trousse de secours 189, 191
truite 82
t-shirt 105
tuba 158
tulipe 230
tunnel 24
tuyau d'arrosage 63
TYPES DE BÂTIMENT 45
urgences 205
ustensiles de cuisine 101
vaccination 214
vache 219
vagues 154
valise 39
vallée 233
varicelle 209
veau 217
VÉHICULES 19
VÉLO 30
vélo d'appartement 169
vélo de route 31
vélo elliptique 169
Velux® 48
vendeur 70
vendeuse 70

249

ventilateur de plafond 48
ver de terre 227
vernis à ongles 94
verre 57
verre à pied 57
verre à vin 122
verre mesureur 54
vert(e) 7
vertèbres 197
vessie 196
veste 105
veste de ski 181
vestiaire 169
VÊTEMENTS ET CHAUSSURES 102
VÉTÉRINAIRE 214
vétérinaire 214
viaduc 36
viande blanche 85
viande hachée 85
viande rouge 85
vigne 231
villa 45
vin 74
vinaigre 73
violon 158
violoncelle 158
vis 108
visage 194
visite guidée 143
vitesses 31
vitre 20
vitrine 50
voie 24, 36
voilier 42
VOITURE 18
voiture 36
voiture couchettes 36
voiture de police 191
voiture de pompiers 191
voiturette de golf 186
volant 21, 174
volcan 233
volet 48
volley 188
voyages 141
VOYAGES EN AVION 37
VOYAGES EN BATEAU 40
VTT 31
water-polo 188
wok 54
wrap 124
xylophone 158
yacht 42
yaourt 90
yoga 168
zeste 76
zone de retrait des bagages 39

VERBES

aller se coucher 112
apprécier 140
arroser les plantes 64
avoir mal aux dents 201
avoir une réunion 132
boire 115
changer de l'argent 134
construire une maison 45
coudre 162
déménager 45
dépasser 19
donner un coup de pied 171
écouter de la musique 51
enseigner 128
envoyer par avion 136
éternuer 209
étudier 112, 128
fabriquer des bijoux 162
faire des courses 70
faire du shopping en ligne 70
faire la vaisselle 55
faire marche arrière 19
faire sauter 55
faire une présentation 132
frire 55
grignoter 115
manger 115
manquer un but 171
mettre quelqu'un en position latérale de sécurité 206
partir 112
passer un appel vidéo 132
passer un examen 128
payer sans contact 70
planter 64
poster 136
pratiquer la RCP 206
prendre le pouls de quelqu'un 206
prendre un bain 61
regarder la télé 51
réceptionner 136
retirer de l'argent 134
retrouver des amis 112
se brosser les dents 61, 201
se détendre 51, 140
se garer 19
se laver les mains 61
s'ennuyer 140
se passer du fil dentaire entre les dents 201
se réveiller 112
s'habiller 112
tacler 171
tondre le gazon 64
tousser 209
tricoter 162
vendre 45
verser de l'argent sur un compte 134
vomir 209

CRÉDITS PHOTOGRAPHIQUES

Shutterstock : p.17 le billet (Sergio Delle Vedove), p.17 l'horaire (TK Kurikawa), p.20 l'extérieur, *image au bas de la page* (JazzBoo), p.24 le radar (M G White), p.29 le minibus (Iakov Filimonov), p.29 le tram(way) (Veniamin Kraskov), p.34 le composteur de billets (franticoo), p.34 le guichet (TK Kurikawa), p.35 le guichet automatique (Balakate), p.35 le porteur / la porteuse (TonyV3112), p.35 la station de métro (StockerrShmokerr), p.36 le TGV (S. Pech), p.45 vendre (Jacky D), p.48 le Velux® (Massimo Parisi), p.69 le centre commercial (Radu Bercan), p.70 le supermarché (06photo), p.75 le marché couvert (GTS Productions), p.75 le marché fermier (Thierry Maffeis), p.99 la confiserie (Bitkiz), p.99 le timbre (catwalker), p.101 l'alimentation (1000 Words), p.101 les chaussures (Toshio Chan), p.101 les jouets (Zety Akhzar), p.101 les produits de beauté (mandritoiu), p.101 les ustensiles de cuisine (NikomMaelao Production), p.109 l'agence immobilière (Barry Barnes), p.109 l'animalerie (BestPhotoPlus), p.109 le barbier (Ally Foster), p.110 le magasin d'électroménager (BestPhotoPlus), p.110 le marchand de primeurs (Matt Rakowski), p.123 la chaîne de fast-food (Cassiohabib), p.123 la cuisine de rue (meandering images), p.123 le food truck (Hadrian), p.129 le campus (S. Pech), p.134 le bureau de change (Lloyd Carr), p.136 la boîte aux lettres (Alexandros Michailidis), p.137 le commissariat (sylv1rob1), p.138 le palais des congrès (lou armor), p.138 la place (Dmytro Surkov), p.142 le bus touristique (Oliverouge 3), p.143 la visite guidée (withGod), p.145 le carnaval (Tory studio), p.145 le casino (Benny Marty), p.145 la comédie musicale (Igor Bulgarin), p.146 l'opéra (criben), p.146 le spectacle comique (stock_photo_world), p.148 le gîte (Colin Burdett), p.153 le front de mer (Oscar Johns), p.158 la chorale (Marco Saroldi), p.158 l'orchestre (Ferenc Szelepcsenyi), p.162 les objets artisanaux (Wirestock Images), p.170 l'arrêt (mooinblack), p.171 le penalty (Albo), p.171 le terrain de football (Christian Bertrand), p.171 tacler (Laszlo Szirtesi), p.172 l'essai (Paolo Bona), p.172 le rugby fauteuil (Travability Images), p.173 les chaussures de basket (Milos Vucicevic), p.175 l'arbitre (Stuart Slavicky), p.175 le juge de ligne / la juge de ligne (Leonard Zhukovsky), p.187 la course automobile (Cristiano barni), p.187 le cyclisme sur piste (Pavel L Photo and Video), p.187 le handball (Dziurek), p.188 le tennis de table (Stefan Holm), p.188 le water-polo (katacarix), p.191 l'ambulance (Hadrian), p.191 la voiture de police (Frederic Legrand – COMEO), p.191 la voiture de pompiers (meunierd), p.204 l'ambulance (Hadrian), p.211 la salle d'accouchement (ChameleonsEye), p.240 le 14 juillet (DreamSlamStudio), p.240 la Toussaint (RapunzielStock), p.242 l'artiste de rue (Kizel Cotiw-an), p.242 la coiffure (LongJon), p.242 le costume (Melodia plus photos), p.242 la parade (Capricorn Studio). Toutes les autres images utilisées proviennent de l'agence Shutterstock.

LES DICTIONNAIRES VISUELS
Le Robert & Collins
PARTOUT AVEC VOUS !

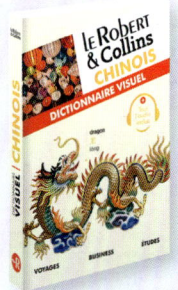
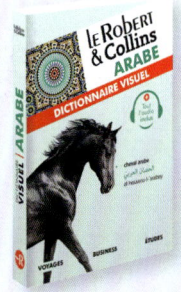

Tout l'audio inclus

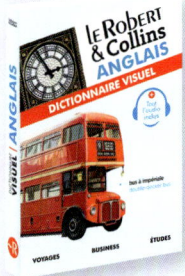

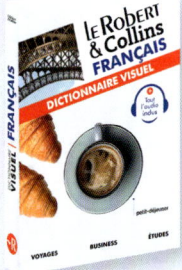

 Trouvez le titre qu'il vous faut sur :
www.lerobert.com